城市综合管廊建设与管理系列指南

城市综合管廊经营管理指南

丛书主编　胥　东

本书主编　宋　伟

中国建筑工业出版社

图书在版编目（CIP）数据

城市综合管廊经营管理指南 / 宋伟本书主编. — 北京：
中国建筑工业出版社，2017.12
（城市综合管廊建设与管理系列指南 / 胥东丛书主编）
ISBN 978-7-112-21502-7

Ⅰ.①城⋯ Ⅱ.①宋⋯ Ⅲ.①管道—基础设施—经营
管理—中国—指南 Ⅳ.① F426.9

中国版本图书馆CIP数据核字（2017）第274720号

综合管廊是根据规划要求将多种市政公用管线集中敷设在一个地下市政公用隧道空间内的现代化、集约化的城市公用基础设施。

本套指南共 6 册，分别为《城市综合管廊工程设计指南》、《城市综合管廊工程施工技术指南》、《城市综合管廊运行与维护指南》、《装配式综合管廊工程应用指南》、《城市综合管廊智能化应用指南》和《城市综合管廊经营管理指南》，本套指南的发行对规范我国综合管廊投资建设、运行维护、智能化应用及经营管理等行为，提升规划建设管理水平，高起点、高标准地推进综合管廊的规划、设计、施工、经营等一系列的建设工作和管廊全生命周期管理，具有非常重要的引导和支撑保障作用。

责任编辑：赵晓菲　朱晓瑜
版式设计：京点制版
责任校对：李欣慰　李美娜

城市综合管廊建设与管理系列指南
城市综合管廊经营管理指南
丛书主编　胥　东
本书主编　宋　伟
＊
中国建筑工业出版社出版、发行（北京海淀三里河路9号）
各地新华书店、建筑书店经销
北京京点图文设计有限公司制版
北京建筑工业印刷厂印刷
＊
开本：787×1092毫米　1/16　印张：9　字数：160千字
2017年12月第一版　2017年12月第一次印刷
定价：40.00元
ISBN 978-7-112-21502-7
　　　　（30926）

指南（系列）编委会

主　任：胥　东

副主任：沈　勇　　金兴平　　莫海岗　　宋　伟　　钱　晖

委　员：张国剑　　宋晓平　　方建华　　林凡科　　胡益平

　　　　刘敬亮　　闻军能　　曹献稳　　林金桃

本指南编写组

主　编：宋　伟

副主编：闻礼双　　仲玉芳　　应信群　　邓铭庭

丛书前言

　　城市综合管廊是根据规划要求将多种市政公用管线集中敷设在一个地下市政公用隧道空间内的现代化、集约化的城市公用基础设施。城市综合管廊建设是 21 世纪城市现代化建设的热点和衡量城市建设现代化水平的标志之一，其作为城市地下空间的重要组成部分，已经引起了党和国家的高度重视。近几年，国家及地方相继出台了支持城市综合管廊建设的政策法规，并先后设立了 25 个国家级城市管廊试点，对推动综合管廊建设有重要的积极作用。

　　城市综合管廊作为重要民生工程，可以将通信、电力、排水等各种管线集中敷设，将传统的"平面错开式布置"转变为"立体集中式布置"，大大增加地下空间利用效率，做到与地下空间的有机结合。城市综合管廊不仅可以逐步消除"马路拉链"、"空中蜘蛛网"等问题，用好地下空间资源，提高城市综合承载能力，满足民生之需，而且可以带动有效投资、增加公共产品供给，提升新型城镇化发展质量，打造经济发展新动力。

　　本套指南共 6 册，分别为《城市综合管廊工程设计指南》、《城市综合管廊工程施工技术指南》、《城市综合管廊运行与维护指南》、《装配式综合管廊工程应用指南》、《城市综合管廊智能化应用指南》和《城市综合管廊经营管理指南》，本套指南的发行对规范我国综合管廊投资建设、运行维护、智能化应用及经营管理等行为，提升规划建设管理水平，高起点、高标准地推进综合管廊的规划、设计、施工、经营等一系列的建设工作和管廊全生命周期管理，具有非常重要的引导和支撑保障作用。

　　本套指南在编写过程中，虽然经过反复推敲、深入研究，但内容在专业上仍不够全面，难免有疏漏之处，恳请广大读者提出宝贵意见。

本书前言

本指南旨在加强城市综合管廊经营管理的法治化、标准化、精细化、智慧化、社会化，促进城市综合管廊经营管理快速、高效、健康发展。

本指南适用于城市综合管廊的经营管理。

本指南主要包括综合管廊的基本属性、综合管廊成本、综合管廊效益分析、建设模式、费用分摊、合同管理、风险管理和资产管理等内容。

城市综合管廊的经营管理除可参照本指南外，尚应符合国家、地方现行相关的法规和标准的规定。

本指南由杭州市城市建设发展集团有限公司宋伟主编、杭州市地下空间建设发展中心闻礼双、杭州市公用事业监管中心仲玉芳、浙江文华建设项目管理有限公司应信群、浙江省长三角标准技术研究院邓铭庭副主编。本指南在编写过程中，参考了相关作者的著作，在此特向他们一并表示谢意。

本指南中难免有疏漏和不足之处，敬请专家和读者批评、指正。

目 录

第1章 概 述

随着近年来网络型公用事业的快速发展，大规模的各类城市市政基础设施管网在城市的地下纵横交织，错综复杂。我国现行体制下，水、电、气、热、通信等市政公用管线的产权分属不同的企业主体，分别由各自产权单位进行建设和管理。随着城市的发展，各类市政管网设施需要不断地扩容、增加、维修、更新，造成了城市内市政建设工地随处可见，很多城市的道路路面像拉拉链一样频繁地开挖、修复，再开挖，再修复，道路上补丁随处可见，成了"拉链马路"。尤其近几年各大城市地铁发展很快，因地铁建设导致原有管网设施破坏或者需要改建为地铁让路的情况并不少见。不仅给市民的正常生活带来了负面影响，也带来巨大的经济损失。据有关统计显示，全国每年因施工而引发的市政管网泄露等事故所造成的直接经济损失达50亿元，间接经济损失达400亿元之多。此外，城市基础设施扩建、更新、相互冲突等导致的各类社会资源浪费和社会矛盾更是层出不穷。因此，解决城市基础设施发展瓶颈，引入城市基础设施建设和发展的新模式在中国目前快速城市化的社会发展时期迫在眉睫。这种情况下，城市地下综合管廊成为了解决城市基础设施矛盾比较有效的方式。

综合管廊的最大特点就是在城市地下建造一个隧道空间，将市政、电力、通信、燃气、给水排水等各种管线集于一体，设有专门的检修口、吊装口和监测系统，实施统一规划、统一设计、统一建设和统一管理，这将有效改善城市道路反复开挖、电线杆林立、空中管线密布等问题。综合管廊的建设规模，是衡量城市市政基础设施建设水平的重要标志之一。这些管廊使用寿命长达100年，大水淹不进，地震震不垮。除此之外，综合管廊还能节约不少土地资源。

1.1 城市综合管廊运营管理的背景及现状

综合管廊，也称"共同沟"，顾名思义就是城市地下管线的综合走廊，即在城市地下建设一个隧道空间，将水、电、气、热、通信等各类市政管线集于一体，并设有专门的检修口、吊装口和监测系统，人和小型机械可以进入廊内作业。目

1

标是对市政基础设施实现统一规划、统一建设、统一管理。欧洲在第一次工业革命初期，快速的城市化导致城市人口大量增加，原有的城市基础设施无法适应城市化水平的迅速提高，因此，在工业化较早的伦敦和巴黎等城市开始了世界最早的综合管廊建设，用于解决城市发展过程中地下公共基础设施管网引发的问题。我国的综合管廊建设最早可追溯到1958年，但真正意义上的综合管廊建设是从1994年上海浦东新区修建的张杨路综合管廊开始的。之后，北京、天津、广州、昆明等城市也在城市建设过程中修建了小部分综合管廊，但总体规模都不大，没形成气候。

综合管廊和管线传统直埋方式相比具有能有效避免道路的反复开挖，长期节省建设资金的优势；在更新、扩容、维修管网时不影响交通，有利于延长道路使用寿命；根据远期规划设计建成的综合管廊，能充分利用地下空间资源，为城市发展预留空间；方便管网的维修、保养和管理，提高城市基础设施的安全性；避免交通拥堵，改善市容，提高城市环境质量，提升城市的形象。但由于城市中各管线单位已建成使用各自的管网系统，如果要修建综合管廊替代直埋，牵一发而动全身，所以在成熟的城区修建综合管廊的难度很大，这也是目前综合管廊作为解决城市管网问题较有效的方法，在新城区建设中进行综合管廊建设相对比较容易操作，值得推广。

综合管廊作为解决城市地下管网问题的有效方式，代表了城市基础设施发展的必要方向和全新模式，其发展前景是毋庸置疑的。但相比于综合管廊的广阔发展前景，其在建设、管理和经营等方面的立法、制度制定、体制机制保障、经营模式建立等工作还非常滞后，甚至目前国家对综合管廊的设计、建设还缺乏比较系统的规范标准可供参照。相比建设和推广问题的专题研讨会，各方一致认为在经济条件和施工条件允许的前提下，应大力推广综合管廊的建设应用。但相比于综合管廊的广阔发展前景，其在建设、管理和运营等方面的立法、制度制定、体制机制保障、运营模式建立等工作还非常滞后，甚至目前国家对综合管廊的设计、建设还缺乏比较系统的规范标准可供参照。

国务院总理李克强2015年7月28日主持召开国务院常务会议，部署推进城市地下综合管廊建设，扩大公共产品供给，提高新型城镇化质量。会议指出，地下管廊是国家重点支持的民生工程，也是创新城市基础设施建设的重要举措，可以带动有效投资，增加公共产品供给，提升新型城镇化发展质量，打造经济发展新动力。

地下综合管廊建设有望加速，万亿投资即将开启。国务院常务委员会议再次明确了地下管廊建设的迫切性和必要性，并对下一步建设作出具体部署，要求各地方政府编制专项规划，在年度建设中优先安排。近期，住房和城乡建设部与国家开发银行、吉林省政府举行全国城市综合管廊建设试点省合作框架协议签署仪式。另外，住房和城乡建设部出台海绵城市考核办法，并联合工信部等五部委，于 2015 年 7 月下旬对全国地下管线普查工作进行检查。密集政策出台表明地下管廊的建设有望加速。据了解，全国地下综合管廊建设每年投资可达万亿元级别，将对经济增长起到重要支撑作用，并给管网材料、安全监测和地下工程等行业，带来快速发展机遇。

地下管廊成为稳定增长财政政策有力的着手点，PPP 模式将在融资中扮演重要角色。目前宏观经济面临较大下行压力，地下管廊作为关系国计民生的工程将成为财政支持的重要方向。此次会议已经明确后续将加大财政投入，亦要求政策性金融机构积极支持地下管廊建设的融资。

会议还鼓励社会资本参与管廊建设和运营管理，提出入廊管线单位应交纳适当的入廊费和日常维护费，确保项目合理稳定回报，PPP 模式将在地下管廊建设融资中扮演重要角色。多维度融资支持将加速国家建设综合管廊政策的落地，可以更有效地带动投资，增加公共产品的供给，成为经济增长的新动力。

1.1.1　国内外综合管廊管理现状

针对综合管廊建设和运行的特点，一些应用综合管廊的国家和地区，采取制订法律法规来加强管理，规范各方面的行为。

（1）日本在 1963 年颁布了《共同沟实施法》，并在 1991 年成立了专门的综合管廊管理部门，负责推动综合管廊的建设和管理工作。日本的综合管廊中，国道地下综合管廊的建设费用由中央政府承担一部分；地方道路地下管廊的建设费用部分由地方政府承担，同时地方政府可申请中央政府的无息贷款用作共同沟的建设费用。

后期运营管理采取道路管理者与各管线单位共同维护管理的模式：综合管廊设施的日常维护由道路管理者（或道路管理者与各管线单位组成的联合体）负责，而城市地下综合管廊内各种管线的维护，则由各管线单位自行负责。

（2）我国台湾地区在 1994 年以来，先后制定了《共同建设管线基金收支保管及运用办法》《共同沟建设及管理经费分摊办法》《共同管道法》《共同管道法施行细则》等多个法律、法规，推动了综合管廊的建设发展。

中国台湾地区城市地下综合管廊是由主管机关和管线单位共同出资建设的，其中主管机关承担1/3的建设费用，管线单位承担2/3，其中各管线单位以各自所占用的空间以及传统埋设成本为基础，分摊建设费用。

城市综合管廊的维护费用分摊由管线单位于建设完工后的第二年起平均分摊管理维护费用的1/3，另2/3由主管机关协调管线单位依使用时间或次数等比例分摊。我国台湾地区还成立了公共建设管线基金，用于办理综合管廊及多种电线电缆地下化共管工程的需要。

（3）法国、英国等欧洲国家，由于其政府财力比较强，城市地下综合管廊被视为由政府提供的公共产品，其建设费用由政府承担。

综合管廊建成后以出租的形式提供给管线单位，实现投资的部分回收。由市议会讨论并表决确定当年的出租价格，可根据实际情况逐年调整变动。这一分摊方法基本体现了欧洲国家对于公共产品的定价思路，充分发挥民主表决机制来决定公共产品的价格，类似于道路、桥梁等其他公共设施。

欧洲国家的相关法律规定一旦建设有城市地下综合管廊，相关管线单位必须通过管廊来敷设相应的管线，而不得再采用传统的直埋方式。

（4）改革开放以来，我国大陆境内许多大中城市纷纷开工建设综合管廊项目。为了保证项目顺利进展、有效实施，各地先后制订了一些管理办法来规范行为、协调关系。如杭州、西安、南京、深圳、石家庄等地均制定了综合管廊管理办法。这些管理办法大都在试行阶段，仅针对本地区或本项目的综合管廊建设、管理问题，主要在行政管理层面上予以推行，尚未进入地方法律、法规层面，而全国性的有关综合管廊的法律、法规建立问题，目前也没有制定。

1.2　城市综合管廊建设管理及运营中的特点

由于国内综合管廊建设起步较晚，与国外发达国家相比，我国城市综合管廊大多缺乏统一、科学、严密的管理体制、机制。综合管廊管理主要内容包括规划管理，建设管理，权属管理，设施的运营与维护管理，环境、消防及灾害应急管理，政策、法规建设与管理，科技攻关、人才培养与行业管理等方面。而现有的管理职能又分别归属规划与建设管理部门、市政管理部门、交通管理部门，甚至税务局、环保局、环卫局、电力局等部门也参与到综合管廊的管理中来。由于实行的是条块分割式的专项管理，实际操作中由于部门之间责权界限的划定不清晰、相互之间协调机制的缺失，常常出现部门之间信息沟通不畅、管理盲区与重叠管理的现象并存，结果是效率低下、资源流失现象严重。开发建设管理及运营保障中普遍存在着以下问题：

1.2.1　缺乏统一协调与科学决策的管理机构

国内各主要城市涉及综合管廊运营的单位较多，由于协调管理机构的缺失，导致规划管廊路线时，因为已有的地下工程不得不改道或对已有管道进行改迁，人力、物力浪费很大；高层建筑的桩基对综合管廊的工程建设造成的障碍常令人始料不及。

1.2.2　多头管理与无人管理并存

多头管理源于无法可依，如管线入廊应向哪个部门提出申请，接受申请的部门根据什么规定来核发许可证和如何发放许可证等都不明确，而这又造成无一部门能依法进行管理。

1.2.3　缺乏科学的运作程序与协调机制

由于综合管廊的权属管理无章可循，在运作程序与协调机制上缺乏科学性，这些既降低了管廊的综合利用效率，也影响了其战备效益和经济效益的发挥。

1.2.4　缺乏引导民间资本有序、高效地进入综合管廊资源利用的相关机制

综合管廊的资源利用，固然是土地价格上涨和经济技术条件已经具备这两种推力和拉力相作用的结果，但政府在这一过程中的积极引导也至关重要。

1.2.5　地下综合管廊开发建设管理及运营保障不足

目前，我国许多大城市地下空间开发的核心内容多为地铁、隧道等建设，反映出在目前的经济水平和城市发展阶段，地下空间开发主要是解决城市发展中最迫切的交通设施问题，对基础设施的要求还没有提到很高的水平，开发规模不大，计划性不足。在发展城市交通方面，以解决城市突出的交通矛盾和缓解城市服务

设施紧缺为主要原因；对于地铁等交通设施和城市基础设施，初步考虑到了网络化和系统性。

【案例 1-1】集美新城综合管廊

自 2015 年 4 月被列入首批全国地下综合管廊建设试点城市以来，厦门在综合管廊项目建设上不断取得新进展。集美大道综合管廊工程，已经基本完成土建工程部分，2016 年上半年完成高压架空线缆化入廊工作。

集美大道综合管廊项目位于集美新城，建设总长度 5.9km，是厦门三个试点项目中建设长度最短、进展也最快的。集美大道的综合管廊主要断面形式有单舱断面和双舱断面，所谓的舱，就是管廊收纳管线的地方。之所以会有双舱，是因为高压电力管线的存在特殊性，需要与其他管线分开收纳。

集美大道综合管廊深埋地下，单舱断面宽 3m，高 2.4m，双舱断面宽 4.8m，高 2.8m，舱内将会有数排金属支架。110kV 和 220kV 高压电力、10kV 电力、通信电缆、给水水管和中水管这些管线将会被安排"住"进来。今年 8 月，已经有第一批住户"搬"了进来——长达 6.218km 的 10kV 电力管线已经入廊。待后续的机电安装等一系列工程完成，管廊里面还将会有完备的消防系统。

目前综合管廊建设机遇与风险并存，国家政策密集出台，各级地方政府大力支持，多个央企已经着手布局。综合管廊将迎来大发展，现存的不确定因素也会随着越来越多项目的开展而明朗化。

1.3　城市综合管廊管理的发展方向

根据国内外先进的综合管廊运营管理经验，管廊的运营管理，应从分散型转向统一、集中型和网络化、立体化、集约化、深层化、综合化；决策、执行、监督的三权分设和依法行政是目前较为成熟的决策管理模式，其特点为法律完备、机构健全、职责明确、机制配套、奖惩严明等；而围绕人本核心、不断运用高科技则是其运营管理的利器。

因此，健全和完善城市综合管廊投融资模式、管理机制与运营模式，开展综合管廊运营管理技术专项研究，进行综合管廊工程的集成技术运用推广，是促进我国城市综合管廊健康有序发展的必然要求。

2015 年 8 月 10 日国务院办公厅印发《关于推进城市地下综合管廊建设的指导意见》（国办发〔2015〕61 号）（简称《意见》），提出逐步提高城市道路配建地下综合管廊的比例，全面推动地下综合管廊建设，到 2020 年建成一批具有国际先进水平的地下综合管廊并投入运营。《意见》提出：1）要求加强规划编制和标准制定；2）要求城市新区、各类园区、成片开发区域与道路同步建设地下综合管廊，老区结合旧城更新、道路改造、河道治理、地下空间开发等进行建设；3）鼓励 PPP 模式，通过特许经营、投资补贴、贷款贴息等方式吸引社会资本参与；4）要求地下管廊区域的新管线必须入廊，既有管线逐步迁移入廊；5）实行有偿使用，管线单位应交纳入廊费和日常维护费，并确立了征收原则；6）要求管廊运营单位与管线单位明确分工与协作；7）中央和地方均加大财政支持力度，地下管廊项目应优先安排建设；8）加大银行信贷支持和金融专项债支持，并支持建设运营单位发行企业债。

制约地下管廊建设的因素有望逐步消除。《意见》对地下管廊的规划、建设和管理提供了更明确的指引，并提出了强制入廊、有偿使用、财政支持、金融支持等关键性的政策。随着规范和标准的完善，强制入廊和有偿使用模式的确立，各方角色的重新界定，财政和金融支持的加大，规范和标准问题、资金和回报问题、管理和纠纷问题等以往制约地下管廊建设的关键因素有望逐步消除。

地下管廊将是未来一段时间重要投资主题。在经济面临较大下行压力、部分传统领域投资趋于饱和的背景下，地下管廊正在成为稳增长的新着力点，政策力度明显加大。初步估算，未来年投资额有望达到 4000 亿～6000 亿元，空间巨大。当然，短期来看，由于地下管廊还处于起步和培育阶段，实际进展可能不会太快。

央企和地方龙头企业是最大受益者，中国中冶参与了宝钢、常德大道等多个地下管廊项目的建设，经验丰富，跟踪了 20 余个城市的地下管廊项目，并中标了白银和包头项目，先发优势明显。珠海横琴地下管廊项目作为住房和城乡建设部选定的标杆项目，具有巨大的品牌效应，下属中冶京诚参与了两个国家标准的编制，具有一定带动作用，积极践行国企改革，业绩增长高于同行。中国铁建受益于高铁、轨交高峰和"一带一路"；地下工程实力领先，是地下管廊建设的主要参与者之一。隧道股份旗下城建院是地下管廊国家标准参编单位之一，地下施工能力强，并拥有天津地下管廊项目经验，PPP 项目经验丰富。2015 年 8 月 12 日，华北电力设计院有限公司总工程师带领建筑与民用工程设计事业部及城市综合管廊技术研究组的人员，对未来科技城地下综合管廊进行了实地考察和调研，华北电力设计院将积极争取、抓住机遇，为今后在城市地下综合管廊建设领域业务的开展打下良好的基础。

1.3.1 国内城市综合管廊建设管理案例分析

1. 昆明市某地下综合管廊建设管理案例分析

2003年，为了解决城市道路重复开挖、地下空间资源浪费、地下管线事故隐患突出等问题，昆明市委、市政府决定结合道路建设，在昆明市彩云路、广福路启动综合管廊建设工程。

经多方研究论证，采取了成立管廊专营公司独立运作，负责筹资、建设、运行、维护等工程全过程，目前已建成并投入运行彩云路、广福路综合管廊38km，大部分已完成销售，投资回收79%，较好地解决了以上问题。

（1）成立专门公司

2003年8月，昆明市成立昆明城市管网设施综合开发有限责任公司（以下简称"城网公司"），隶属于昆明市城建投资开发有限责任公司，作为专门建设管理运营地下综合管廊的投资建设公司，负责综合管廊的融资、建设、资产管理、运行管理等，注册资本金4.38亿元。

（2）授权特许经营

特许经营期50年，政府在政策上予以支持，不提供资金和财政担保。在项目审批上，发改委简化审批手续；在建设综合管廊的路段，城市规划局不再审批新的管线路由，建设局不再批准新的掘路申请。

（3）筹集资金

项目总投资9.05亿元，建设期，项目建设资金的30%由城网公司自筹作为资本金，70%以母公司昆明市城建投资开发有限责任公司担保的形式向银行贷款。建设过程中采取了项目贷款、企业流动资金贷款、企业委贷、应收账款质押保理、融资租赁等多种方式，以短期、分期滚动投入的方式，累计向银行贷款约6.3亿元。紧凑衔接完成项目建设。

（4）建设方式

城市综合管廊建设费用较高，适宜于土地高强度开发的新区建设。昆明市结合城市建设的特点，按照功能设计结构形式，因地制宜，道路建设到那里，管廊就同步建设到那里，把电力、通信、给水纳入管廊内，分期分批分段建设。在城市的主干道两侧预留衔接口，为城市后期发展提供衔接空间，并注重与后期城开发模式、开发强度相互衔接。

（5）确定售价、经营销售

市场化运营、物业化管理，如图1-1所示。

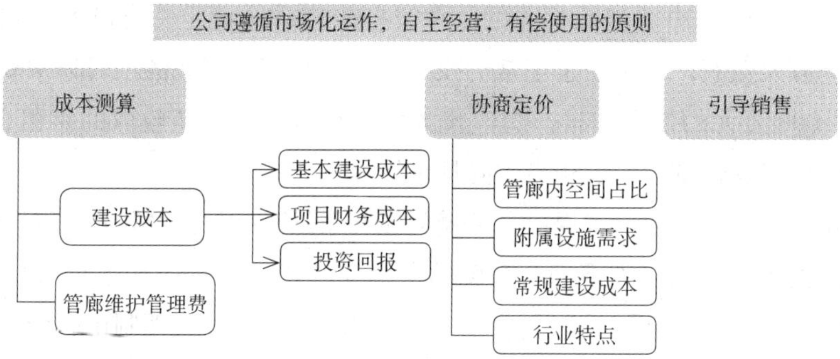

图1-1　运营模式

由于综合管廊内的管线是经营性的，通过政府的强力协调，引导主要管线部门参股，形成"政府主导、管线单位配合"的良好运营机制，并且通过公开招标专业物业管理单位，对综合管廊进行专业化管理。

2.广州大学城地下综合管廊建设管理案例分析

（1）项目概况

大学城综合管廊是广东规划建设的第一条共同管沟，也是目前国内距离最长、规模最大、体系最完整的一条共同管沟。该管廊与大学城建设紧密相关，采取统一规划、统一建设、统一布线的方式，集中铺设电力、通信、燃气、给水排水等市政管线。自2003年开始，到2005年共建设综合管廊18km。大学城主线三仓综合管廊规划在小谷围岛中环路中央隔离绿化地下，沿中环路呈环状结构布局，全长约10km，沟宽7m，高2.8m；支线管廊8km。

（2）管理主体

大学城管廊作为市政基础设施的一部分由政府主导建设。由财政拨款，建成以后作为资产注入广州大学城投资经营管理有限公司（国有公司）。该公司的主要业务是大学城经营性和准经营性市政公用设施、公共服务设施和高校后勤基础设施以及在大学城城市公共资源范围内相关项目的投资、经营管理及资本运营。公司投资项目涉及大学城的能源供应、市政设施和商业设施，如分布式能源系统、中水厂、信息枢纽等。公司主业是大学城供冷供热系统和中水系统经营，是盈利的。在综合管廊管理方面，一直处于亏损状态。

（3）运营状况与原因

大学城管廊初步估计土建成本约 4 亿元。该管廊预计使用过程中年折旧费用约 1000 万元，维护运营费用 200 万元左右。由于没有相关产权，所以只能收取租金，而租金收取由于缺乏相关的政策，各个市政企业也一直没有缴纳，其租金仅 200 万元左右。对于一个正常的投资主体，投资 4 亿元的项目通常要求每年10% 约 4000 万元的投资回报，而广州大学城综合管廊希望收取的年租金约 200万元，仅仅与运营维护费用相当，尚且未能如愿。

广州综合管廊的建设方提出，关键问题在于缺乏相关的政策法规（控制综合管廊周围的市政直埋、地下综合管廊的租金和转让、办理权属等），由于相关法律法规的缺失，开发建设管廊之后无法取得相关产权；无法强制市政管线采用综合管廊，发挥综合管廊的优势；出租租金缺乏物价局的规定；而作为上市公司的各管线公司，则希望减少费用，增加固定资产。

（4）相关制度和标准制定

广州于 2005 年出台了《广州大学城综合管沟收费标准》（穗价函〔2005〕77 号），该标准对广州大学城综合管沟管线入沟费、综合管沟日常维护费用进行了详细的规定。

广州大学城综合管沟管线入沟费收费标准参照各管线直埋成本的原则确定。对进驻综合管沟的管线单位一次性收取管线入沟费，按实际铺设长度计收。日常维护费用根据各类管线设计截面空间比例，由各管线单位合理分摊的原则确定。具体收费标准如表 1-1 所示。

管线入沟费及日常维护费用收费标准 表 1—1

管线	饮用净水管 D600	杂用水管 D400	供热水管 D600	供电电缆	通信管线
一次性入沟费（元/m）	562.28	419.65	1394.09	102.7	59.01
截面空间比例（%）	12.7	10.58	15.87	35.45	25.4
维护费用（万元/年）	31.98	26.64	39.96	89.27	63.96

1.3.2 城市综合管廊的运营管理

综合管廊的运营模式较为复杂，以国外运营模式为例，其综合管廊建设运营的典型组织框图如图 1-2、图 1-3 所示。

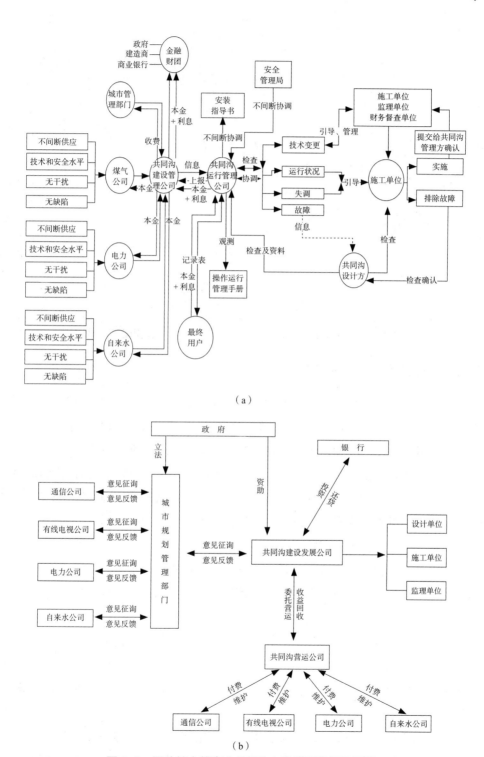

（a）

（b）

图 1-2 国外综合管廊（共同沟）建设运营组织框图

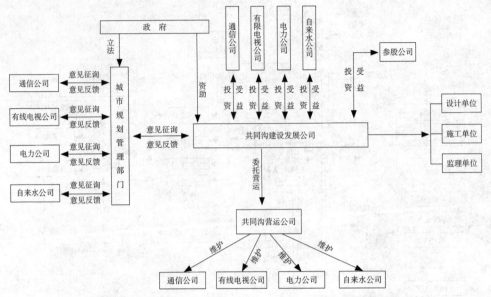

图1-3 综合管廊（共同沟）建设、运行、维修和管理流程图

1.3.3 共同沟的运行管理模式

日本每个建有共同沟的地区都制定了《共同沟防灾安全管理手册》。该手册中包含了《共同沟管理要领》和指导日常维护管理的《共同沟管理规则》和《共同沟保安细则》。各规则主要规定的内容有：管线设备入沟的必要条件、钥匙的保管、联络及通报、应急处理、费用负担、定期巡视等，这些做法值得我们借鉴。

共同沟建好后还要管理维护才能发挥它的效益。共同沟这种集约性的市政基础设施管线铺设方式为建成后的运营维护提供了便利条件，甚至可以说是非常方便的条件。所以，技术上问题不大，不是主要矛盾。

共同沟的运营管理模式主要是组织形式、如何构建、如何运作的问题。这些问题处理好了，才能使技术上的优势发挥作用。共同沟运营管理的总原则是"协作型构建、公司化运作、物业式管理"。

共同沟运营管理应在产权单位的组织下成立专门的运营公司。可以采用招标的方式确定共同沟物业管理单位，负责共同沟的日常维护和管理。也可由共同沟产权单位与共同沟承租单位共同组建城市物业管理单位，负责共同沟的日常维护和管理。

该公司应在各方协调、职能完善的原则下组建，确保各专业配套完备。既包括专业技术人员的完备，也包括技术设备的完备。同时，在运营管理公司的运作上要责权明晰，保障有力。

　　共同沟日常维护和管理应包括以下内容：防止共同沟遭受人为破坏；保障共同沟内的通风、照明、排水、防火、通信等设备正常运转；建立完善的报警系统；建立具有快速抢修能力的施工队伍等。

　　将 GIS（地理信息系统）应用于城市建设和管理是当代城市发展的方向，也是被世界先进城市实践所证明的。现在，上海已经着手开发研究地下空间信息基础平台以及相关关键技术。在此大背景下，共同沟的基本情况数据必须融入整个地下空间基础信息平台。同时，共同沟的规划、建设、运营、管理也非常需要以信息技术为支撑。

　　运用于共同沟日常运营管理的主要信息技术有：基于 GIS 技术的综合信息平台；三维应用分析系统；信息共享服务平台；信息采集标准、维护规范等。

　　共同沟建成后的运行维护方式，可供选择的有：国有公营模式；国有私营模式；私有私营模式。根据共同沟的投资形式以及负担城市生产生活供应保障的重要性等特点分析，一般采取国有私营模式较为妥当。

　　国有私营模式的主要特点是在政府与企业之间建立一种委托代理的新型关系。这样，第一，可克服和解决政府多头管理、分散操作产生的各种问题；第二，可运用公司机制提高设备设施经营的效率；第三，可吸取国际上各种投资与经营模式的不同优势，与国际惯例接轨。

第 2 章　综合管廊的基本属性

综合管廊的定位是决定综合管廊投资建设模式的最根本依据，应明确综合管廊的社会物品定位。综合管廊是一种特殊的城市基础设施，之所以称其特殊，是因为它不属于水、电、气等公用事业中直接为社会提供产品和服务的基础设施，而是为这些不同类型的公用事业提供一种公共性和基础性服务的设施。

综合管廊作为一种建筑管道空间，具有最基本的构筑物业属性，综合管廊的这种属性是其利用市场手段进行项目运作的首要条件，也是其经营基础。若仅仅从市场的角度出发，综合管廊项目理想的运作思路是通过投资兴建综合管廊，然后以市场价格出租或转让给使用者——管线单位，以实现其投资收益，而管线单位通过使用综合管廊埋设管线实现其管线经营收益，并将使用综合管廊的费用作为成本计入其服务产品的价格中，由最终消费者承担，但实际操作中很难实现。

2.1　自然属性

综合管廊作为收容城市市政管线的建筑管道空间，具有最基本的建筑物业属性。所谓建筑物业属性是指投资者对建成的建筑物具有所有权、使用权、经营权，可以通过租赁、转让等取得收益，并且其资产价值具有可评估性。

综合管廊的建筑物业属性是综合管廊项目可以开展经营活动的基础，也是利用市场手段进行综合管廊项目建设的首要条件。如果从纯市场的角度进行分析，综合管廊项目的理想运作思路是通过投资兴建综合管廊，并以市场价格出租或转让给使用者——管线单位，通过使用综合管廊埋设管线实现其管线经营收益，并将使用综合管廊的费用作为成本计入其服务产品的价格中，最终由消费者承担。

但综合管廊项目与常规建筑物业又有所区别，主要表现在：在现实条件下，管线服务产品的价格（如水价、电价）是基于管线传统埋设成本下的政府指导定价，其价格关系到社会公众的基本生活，如发生变动将对社会经济构成重大影响。因此，使用综合管廊的成本难以通过价格变动得以转移，这是造成综合管廊投资困难的根本原因。

同时，由于我国土地政策及相关法律的规定，综合管廊的所有权最终只能由当地政府所有，社会资本投资建设综合管廊只能获得管廊的使用权和经营权，而不能以管廊所有权进行抵押贷款等融资行为，这在一定程度上会抑制社会资本参与综合管廊的投资建设。

2.2　公共价值属性

从综合管廊的整体特征来看，其本质上还是属于向社会公众提供服务的城市基础设施，具备一定程度上的垄断性质，且其所产生的效益很大一部分由减少道路开挖、改善城市景观、避免交通堵塞等外部效益组成，因此具备公共物品属性。但是，从综合管廊的容量这个角度衡量，一条综合管廊能容纳的管线的数量是有限的。也就是说，综合管廊一旦建成，其容量就是一定的，因为综合管廊的建设成本极高，短时期内是不可能拆除重建，当综合管廊不能再继续容纳管线的时候，就具有了排他性，即未来管线无法入廊。同时，综合管廊的直接使用者是管线单位，管廊所有者可以向管线单位进行收费来收回成本，这是私人物品的性质。由此可以看出，综合管廊具有混合物品的属性，即准公共物品。

综合管廊作为介于公共物品和私人物品之间的准公共物品，所提供的服务是一种公共服务。如果按照其他类型公共物品完全由政府部门提供，由于综合管廊项目的资金不可以分时段投入，必须一次性整体投入，而且在建成后形成一项固定资产，其沉淀资本较大，因此政府会承担沉重的财政负担，势必会影响综合管廊的持续建设发展。但综合管廊完全由市场进行资源配置也是不合理的，会导致综合管廊服务质量的下降。政府在综合管廊项目的建设过程中面对的资金短缺的问题可以通过引进社会资本来解决，但是综合管廊如果完全变成由私人提供，政府在后期运营过程中对其提供服务的价格无法进行管控，最终导致社会大众利益受到损害。

纯公共物品可依靠公共财政支出的方式支持其发展，而作为准公共物品的综合管廊，除了可依靠公共财政支出提供外，还可通过合约委托、授权经营和优惠扶持（包括资助与补贴）、市场配置等多种方式提供。从综合管廊的准公共物品定位，可基本明确包括地方政府在内的相关各方的权利和义务，也是制定综合管廊发展政策的基础。

尽管我国城市综合管廊作为城市新型基础设施的典范在我国已经发展了十多

年，但是效果甚微。这是因为综合管廊项目具有投资大、周期长、收益慢等特点，需要政府介入才能保证其顺利实施。然而各地政府的财政能力不尽相同，完全依靠政府是很不切合实际的。所以，寻求对综合管廊项目投融资制度的市场化和多元化成了决策者面临的一大挑战。在实施综合管廊项目的决策中可按照 BOT 模式和 PPP 模式进行。

BOT 模式是目前我国在城市基础设施建设的融资模式中运用最多的一种形式，也是最典型、相对最成熟的一种融资模式。在上海，这种融资模式最初是从"嘉浏高速公路项目"开始的，并获得了很大的成功。之后在供水、污水处理、越江工程、高架道路等项目上也实现了成功运作。并且招商的范围不仅向国内投资者开放，也逐步向国际投资者开放。而这种模式的鼎盛使用期是现在运用在轨道交通的建设上。上海的轨道交通建设发展迅速，离不开合理的投融资体制的支持。在轨道交通建设中，上海首创了"投资、建设、运营、监管"四分开的模式，建立了多元化、多层次的融资渠道。在投融资方面，上海成立了轨道交通专业投资公司——申通公司，作为上海轨道交通的主要投资者，申通公司建立了现代企业制度，并成功组建上市公司融资，成为实力雄厚的轨道交通专业投资公司。

PPP 模式也是继 BOT 模式后，另一种国内运用得比较多的基础设施建设的融资模式。我国轨道交通建设中第一个采用 PPP 模式进行建设运营的项目是北京地铁 4 号线。2005 年 2 月北京市基础设施投资有限公司、北京首创集团公司和香港地铁公司签署了北京市地铁 4 号线特许经营项目三方合作经营协议，共同出资组建 PPP 模式的公司——北京京港地铁有限公司（期限 30 年），该公司的总投资为 46 亿元，注册资本是 15 亿元，总投资的其余约 2/3 资金采用无追诉权银行贷款。

北京市政府与投资三方签订《北京地铁四号线特许经营协议》，授予特许经营公司特许权，同时明确政府与特许经营公司的权利与义务，建立相关的监管和激励机制。按照 PPP 方案，政府只需要对所承担的土建部分投资还本付息，不需要对 4 号线运营进行补贴。该案例是我国到目前为止在城市基础设施建设中运用 PPP 模式运作最成功的，为今后其他相似的融资提供了很多可以借鉴的经验，由于综合管廊也属市政基础设施，所以在融资模式上可以参考此案例，提高融资成功的几率。

除此之外，国外拥有很多成功建设综合管廊案例的一个主要原因还在于国外有相应成熟的法律和法规体系，这是我国需要学习的地方，我国应该大力推行综合管廊建设和管理的城市发展理念，尽快建立和健全综合管廊建设体制的法律、法规制度和体系，加快明确综合管廊在政府城市建设和管理部门中的职能定位。

总之，城市地下管线综合管廊作为城市管线集约化、科学化和综合化的先进敷设方式的新兴基础设施，越来越受到政府管理部门决策层和城市管线部门的认同和接受；随着我国经济的不断快速发展和城市化地区的不断扩张，相关政府部门一直在倡导土地资源的节约综合利用，综合管廊的建设模式正好符合这一国家要求，不仅如此，它还能够有效改善城市环境，提高城市生活质量，满足城市居民的生活需求。这也是政府管理层所要追求和实现的公共管理目标，也更符合落实科学发展观的国家意志。相信随着综合管廊项目实施的决策支持及理论体系的不断完善，综合管廊必将会在我国呈现快速健康的发展。

2.3 国内综合管廊运营管理先进案例

目前国内综合管廊的运营范围主要有以下内容：

第一是出租综合管廊内空间。出租管廊空间的方式多适用于强弱电管线单位。由于目前我国电力行业是垄断性很强的行业，电力运营商处于极为强势的地位和状态。对于电力行业可以采取出租管廊空间，让其自设电力管线并自行运行的形式。同时，由于通信等弱电管线的敷设、维修和运营通常具有较强的技术专业性，因而弱电管线的敷设、维保和运营最好也由电信运营商自行完成，综合管廊运营管理公司只收取管廊空间占用租费。

第二是出租综合管廊内管线。综合管廊运营商可以依法根据合同约定向热力和供水运营商出租属于自己作为产权主体的管线并收取管线租金。综合管廊运营商还可以向供水和热力运营商提供相应的管线输配服务并收取相应费用。

第三是出售综合管廊内建成管线。综合管廊运营管理公司也可根据管廊产权单位授权出售管廊内全部或部分由管廊产权单位投资建设的已建成管线，回收管线建设费用。并就管线维护管理问题与管线购买单位进一步理清权责，加强监管。

第四是综合管廊的日常维护管理，即物业管理。综合管廊的物业管理主要包括日常清洁、管廊和管线维护保养、管廊内安保等内容，可由综合管廊运营商自行承担，也可委托专业物业管理公司进行管理。根据中关村地下综合管廊的管理经验，管廊的物业管理可由综合管廊运营商分设一个部门，专门从事综合管廊的日常物业管理事务。管廊物业管理产生的运营成本由管廊管理公司负担，物业费的收取工作由公司相应部门负责。管廊安保可由管廊管理公司成立安保部或将安保业务外包给其他专业安保公司承担，由安保公司提供安保人员，经过专门培训后上岗，并接受安保公司和该部门的双重领导。

目前国内市政综合管廊的运营管理模式主要有以下几种：

第一种是全资国有企业运营模式。由地方政府出资组建或直接由已成立的政府直属国有投资公司负责融资建设，项目建设资金主要来源于地方财政投资、政策性开发贷款、商业银行贷款、组织运营商联合共建等多种方式。项目建成后由国有企业为主导通过组建项目公司等具体模式实施项目的运营管理。目前这种模式较为常见，天津、杭州、顺德等城市采取此种运作模式，青岛高新区采取的也是类似的国有企业主导的运营管理模式。

第二种是股份合作运营模式。由政府授权的国有资产管理公司代表政府以地下空间资源或部分带资入股并通过招商引资引入社会投资商，共同组建股份制项目公司。以股份公司制的运作方式进行项目的投资建设以及后期运营管理。这种模式有利于解决政府财政的建设资金困难，同时政府与企业互惠互利，实现政府社会效益和社会资金经济效益的双赢。柳州、南昌等城市采取的是这种运作模式。

第三种是政府享有政府授予特许经营权的社会投资商独资管理运营模式。这种模式下政府不承担综合管廊的具体投资、建设以及后期运营管理工作，所有这些工作都由被授权委托的社会投资商负责。政府通过授权特许经营的方式给予投资商综合管廊的相应运营权及收费权，具体收费标准由政府在通盘考虑社会效益以及企业合理合法的收益率等前提下确定，同时可以辅以通过土地补偿以及其他政策倾斜等方式给予投资运营商补偿，使运营商实现合理的收益。运营商可以通过政府竞标等形式进行选择。这种模式政府节省了成本，但为了确保社会效益的有效发挥，政府必须加强监管。佳木斯、南京、抚州等城市采取的是这种运作模式。以这几种模式为基础，各地根据自身的实际衍生出多种具体的操作方式。

【案例2-1】中国台湾地区

台湾是国内实施综合管廊建设较早的地区。台湾地区综合管廊的快速发展主要得益于政府的政策支持。台湾地区综合管廊的相关政策法律法规相比于日本和欧洲显得更加进步，主要表现在台湾利用法律的方式规定了各主体的费用分摊方式。台湾地区的综合管廊主要由政府部门和管线单位共同出资建设，管线单位通常以其直埋管线的成本为基础分摊综合管廊的建设成本，这种方式不会给管线单位造成额外的成本负担，较为公平合理。剩余的建设成本通常由政府负担，粗略计算管线单位相比于政府要承担更多的综合管廊建设成本。管廊建成后的使用期内产生的管廊主体维护费用同样由双方共同负担，管线单位按照管线使用的频率和占用的管廊空间等按比例分担管廊的日常维护费用，政府有专门的主管部门负责管廊的管理和协调工作，并负担相应的开支。政府和管线单位都可以享受政策上的资金支持。

【案例 2-2】厦门

2011 年福建省住房和城乡建设厅针对福建省实际专门制定了《福建省城市综合管廊建设指南（试行）》（简称《指南》），该指南是针对福建省内的综合管廊从规划布局、工程设计、施工技术和质量标准以及验收、移交和运行管理等方面制定的全面指导性文件。

针对管廊的维护管理，《指南》规定："城市综合管廊应交由管廊管理单位进行专业维护管理，管廊管理单位应配备机电、结构、消防等相关专业人员，持证上岗。管廊自竣工验收移交后，接收单位即行使维护管理职责。管廊管理单位应规范化管理，建立值班、检查、档案资料等管理制度。检查制度分为日常检查、定期检查、特殊检查。日常检查以目测为主，每周不少于一次。定期检查宜用仪器和量具量测，每季度不少于一次。特殊检查根据实际需要由专业机构进行"。

《指南》同时明确了管廊管理单位和管线产权单位应当履行的义务。管廊管理单位的义务包括：保持管廊内的整洁、通风良好和各部位的清洁。执行安全监控和巡查制度。协助管线单位专业巡查、养护和维修。保证管廊设施正常运转。发生险情时，采取紧急措施，必要时通知管线单位抢修。定期组织应急预案演练，保障管廊安全运行应履行的其他义务。管线产权单位应当履行的义务包括：建立健全安全责任制，配合管廊管理单位做好管廊的安全运行。管线使用和维护应当执行相关安全技术规程。建立管线定期巡查记录，记录内容应当包括巡查人员（数）、巡查时间、地点（范围）、发现问题与处理措施、报告记录及巡查人员签名等。编制实施管廊内管线维护和巡检计划，并接受管廊管理单位的监督检查。在管廊内实施明火作业的，应当符合消防要求，并制定施工方案。制定管线应急预案，并报管廊管理单位备案。

针对综合管廊的运行管理，《指南》规定：城市综合管廊实行有偿使用制度。管廊管理单位负责向各管线单位提供管廊使用及管廊日常维护管理服务，并收取管廊使用费和管廊日常维护管理费。管廊使用费及日常维护管理费，经市政行政主管部门报价格，行政主管部门按照有关规定核准。

城市综合管廊的管理费用包括日常巡查、大中维修等维护费用、管理及必要人员的开支等费用等。综合管廊管理费用中的大中维修等维护费用由政府承担，其他管理费用由管线单位按照入廊管线规模分摊。

管廊日常维护管理费的分摊标准采取"空间比例法"，即由管线单位按照入廊管线所占空间（管线净空间＋管线操作空间）占用综合管廊空间的比例分摊。城市综合管廊使用费即入廊费采取"直埋成本法"（不包括管线单位自行投入管线材料成本和安装成本）进行核算。管线单位承担的管廊使用费原则上不超过管线直接敷设的成本。其理由是各管线单位的管线不进入管廊，采取传统直埋方式自行铺设也须支付直埋成本。计算规则可以简单表述为：入廊费＝各管线单位直埋成本 × 进入管廊管线数量 × 实际铺设长度。

此外《指南》还对综合管廊的管理协调制度进行了规定。城市市政工程管理机构牵头会同管线单位建立协调网络，明确联系人、责任人，定期召开联席会议等。这是国内第一次以省级主管部门文件的形式对综合管廊的发展有关问题下发指导性意见，为国内综合管廊的实施提供了良好的政策借鉴。

由于国家尚未出台与综合管廊相关的法律法规，综合管廊管理尚处于无法可依的境地。根据福建省的《指南》意见，厦门市结合自身实际，于2011年率先制定并实施了《厦门市城市综合管廊管理办法》（简称《办法》）。该《办

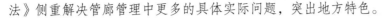

法》侧重解决管廊管理中更多的具体实际问题，突出地方特色。

《办法》主要作了以下规定：

一是明确管廊统一规划、统一配套建设、统一移交的"三统一"管理制度。针对目前城市地下管线的无序建设问题，《办法》规定有关部门应当组织编制管廊专项规划并按规定批准实施。新建、改建、扩建城市道路和新区建设时，按照管廊专项规划应当建设管廊的，要求按规划配套建设综合管廊。除法律、法规、规章及市政府另有规定情况外，管廊建设单位应当按照规定将经竣工验收合格的管廊移交有关部门委托的管廊管理单位统一进行管理维护，并按规定向城建档案管理机构报送工程档案。

二是为确保管廊真正实现其地下空间资源整合的优势，避免管线建设中造成的道路重复开挖，《办法》对已建设管廊的城市道路，规定在建成管廊的规划期内原则上不得再重复管廊建设，因特殊情况确需建设的应按规定报市政府批准。除无法纳入管廊的管线及与外部用户的连接管线外，原则不再批准建设直埋管线。对已建设管线的城市道路，管线单位申请挖掘道路维修或新建管线的，规定有关部门在受理申请后通知有关管线单位可以一并申请，并依法审批，同时规定新建管线建成后五年内不得再批准挖掘道路建设管线，因特殊情况确需建设的应按规定报市政府批准。在法律责任中，对未经审批擅自挖掘城市道路建设管线的还规定了相应的行政处罚制度和措施。

三是加强管廊安全管理。为有效维护管廊的安全运行，防止管廊、管线安全受到危害，《办法》分别对管廊管理单位和管线单位应当履行的义务做了明确规定。同时对可能危害管廊安全的有关活动，规定应事先向有关行政部门报告，提供管廊管理单位认可的施工安全防护方案，并在施工中严格按照该防护方案采取安全防护措施；四是明确管廊的有偿使用制度。《办法》规定管廊管理单位负责向管线单位提供进入管廊使用及管廊日常维护管理服务，并收取管廊使用费和管廊日常维护管理费。同时明确管廊使用费和日常维护管理费按有关规定核准实施。

厦门市是国内第一个以地方性法规的形式对综合管廊的管理进行了立法的城市，在城市综合管廊建设管理的制度建立上走在了全国前列，起到了积极的示范带头作用。

【案例2-3】青岛

（1）高新区综合管廊维护管理体制。

青岛高新区政府以全资国有投资公司青岛高新区投资开发集团有限公司（以下简称"高投集团"）作为政府投融资平台实施综合管廊的建设，并将管廊资产计入高投集团。但在综合管廊的实际维护运营管理中，目前实施的是资产持有与管廊运营管理分开的原则。结合青岛高新区的实际情况，综合管廊的管理还是采取政府主导，行业统筹，及综合管廊公司专业化管理的措施。

2009年12月，高新区政府成立了青岛高新实业集团有限公司（以下简称"高实集团"），集团下设成立了城市设施维护公司（简称"高新城维"）等子公司，高新城维按照高新区管委特许经营权授权，负责高新区范围内绿化、环卫和市政、安保等具体业务，公司主要收入来源于高新区财政拨付的城市基础设施维护管理费。由青岛高新城维实业有限公司出资组建专业的综合管廊管理公司，具体负责综合管廊的日常维护和运营管理工作。

此外综合管廊纳入的多种管线分属不同的部门或公司，涉及不同的权益和管理方法，需要强有力的政府管理机构进行协调管理。根据欧美、日本等国家综合管廊组织及运行管理的先进成功经验，综合管廊的管理必须由政府部门牵头，形成各相关部门之间的协调机制和对政府授权的运营管理单位的监督机制，提高管理水平，同时便于加强管廊内各行业的协调工作，权、责、利明确，以保障综合管廊的安全、高效运转，并确保其社会效益得到最大程度的发挥。青岛高新区公用事业中心作为政府部门的代表行使综合管廊的行业管理职能，负责制定政策以及相关制度和体制机制等，统一协调管理相关管线单位，代表政府授予综合管廊管理公司特许经营权负责综合管廊的维护及运营管理，同时对管廊的管理单位进行行业监管和业绩考核。

（2）公司成立的目的及主要职责。

综合管廊运营管理公司组建的目的是在综合管廊的建设和运行过程中承担综合管廊设施设备的维护管理、技术管理等任务，确保综合管廊所有设施、设备的安全、顺利运行。作为青岛高新区地方政府综合管廊资产经营的代表，与给水、热力、强电、弱电等专业管线单位签订管廊使用和管理服务协议，收取管廊空间使用费和运行服务物业管理费，保证综合管廊良性发展，使其在城市长期的发展建设过程中发挥应有的作用。

综合管廊运营管理公司作为政府授权的国有资产管理单位应履行的主要职责任务有以下几点：①保持青岛高新区综合管廊内的整洁和通风良好。②监督管线单位严格执行相关安全规程，做好安全监控和巡查等安全保障工作。③监督综合管廊内管线和附属设施施工单位严格执行相关安全规程和批准的安全施工措施方案，做好安全监控和巡查等安全保障。④配合和协助管线单位的巡查、养护和维修。⑤负责青岛高新区综合管廊结构的保护和维修及管廊内公用设施设备的养护和维修，保证设施设备正常运转。⑥青岛高新区综合管廊内发生险情时，采取紧急措施并及时组织管线单位进行抢修。⑦制定并实施青岛高新区综合管廊应急预案。⑧建立综合管廊及沟内管线设施档案，编制沟内设施、设备台账。⑨巡查保护综合管廊构筑物的完整、安全，及时发现并制止对综合管廊产生危害的行为。⑩为保障青岛高新区综合管廊安全正常运行应履行的其他义务。

（3）综合管廊公司和入廊管线单位的职责任务。

为确保综合管廊管理公司的高效率、高质量运作，保证青岛高新区综合管廊维护管理的规范、安全运行。由高新区公用事业中心牵头，针对综合管廊管理公司以及各管线单位制定了各项工作的措施、流程及标准。

综合管廊管理公司的主要职责和任务，是保持综合管廊内的整洁和通风良好；搞好安全监控和巡查等安全保障；配合和协助管线单位的巡查、养护和维修；负责综合管廊内共用设施设备养护和维修，保证设施设备正常运转；综合管廊内发生险情时，采取紧急措施并及时通知管线单位进行抢修；制定综合管廊相适应的应急救援预案。

管线进入管廊，管线的产权仍然归其建设单位所有，因此作为产权单位也必须承担管线本身的维护等职责和义务，同时又要与管廊的管理单位产生工作的交叉、对接和配合，因此必须对管线产权单位的行为进行一些规定。入廊单位应履行的责任和义务主要是：对管线使用和维护严格执行相关安全技术规程；建立管线定期巡查记录，记录内容应包括巡查时间、地点（范围）、发现问题与处理措施、上报记录等；编制实施沟内管线维护和巡检计划，并接受市政工程管理机构的监督检查；在综合管廊内实施明火作业的，应当严格执行消防要求，并制定完善的施工方案，同时采取安全保证措施；制定管线应急预案。

（4）综合管廊维护管理的内容、措施及流程。

综合管廊维护管理的主要工作有以下内容：管廊内应保持干燥、清洁，当有积水、淤泥时，应根据实际情况定期进行抽水清淤；定期轮换启动风机、潜水泵并保证运行正常，按照规定加装润滑油。检查氧量、湿度、温度变送器及火灾探测器等测量元件显示是否正常，对于出现异常或者无显示的立刻检修；每个班测试监控系统是否正常；管廊内金属构架应定期进行地阻测试和防锈处理；沟内电缆的金属护层应有外护套防水、防腐保护，不得直接与水等接触；检查管廊漏水情况，各种分缝的漏水等，检查排水设施是否完好，检查照明、电气系统是否正常；管线产权单位改变运行方式或者改变参数，必须提前1天书面向综合管廊管理公司通报，特别是停水、停热及送水、送热。

①综合管廊的巡查与维护。综合管廊属于地下构筑物工程，管廊的全面巡检必须保证每周至少一次，并根据季节及地下构筑物工程的特点，酌情增加巡查次数。对因挖掘暴露的管廊廊体，按工程情况需要酌情加强巡视，并装设牢固围栏和警示标志，必要时设专人监护。巡检内容主要包括：各投料口、通风口是否损坏，百叶窗是否缺失，标识是否完整。查看管廊上表面是否正常，有无挖掘痕迹，管廊保护区内不得有违章建筑；对管廊内高低压电缆要检查电缆位置是否正常，接头有无变形漏油，构件是否失落，排水、照明等设施是否完整，特别要注意防火设施是否完善；管廊内，架构、接地等装置应无脱落、锈蚀、变形；检查供水管道是否有漏水；检查热力管道阀门法兰、疏水阀门是否漏气，保温是否完好，管道是否有水击声音；通风及自动排水装置运行良好，排水沟是否通畅，潜水泵是否正常运行；保证沟内所有金属支架都处于零电位，防止引起交流腐蚀，特别加强对高压电缆接地装置的监视；巡视人员应将巡视管廊的结果，记入巡视记录簿内并上报调度中心。根据巡视结果，采取对策消除缺陷；在巡视检查中，如发现零星缺陷，不影响正常运行，应记入缺陷记录簿内，据以编制月度维护小修计划；在巡视检查中，如发现有普遍性的缺陷，应记入大修缺陷记录簿内，据以编制年度大修计划；

巡视人员如发现有重要缺陷，应立即报告公用事业服务中心和相关领导，并作好记录，填写重要缺陷通知单。运行管理单位应及时采取措施，消除缺陷；加强对市政施工危险点的分析和盯防，与施工单位签订《施工现场安全协议》并进行技术交底。及时下发告知书，杜绝对综合管廊的损坏。

日常巡检和维修中要重点检查管道线路部分的里程桩、保坎护坡、管道切断阀、穿跨越结构、分水器等设备的技术状况，发现沿线可能危及管道安全的情况；检查管道泄漏和保温层损害的地方；测量管线的保护电位和维护阴极保护装置；检查和排除专用通信线故障；及时做好管道设施的小量维修工作，如阀门的活动和润滑，设备和管道标志的清洁和刷漆，连接件的紧固和调整，线路构筑物的粉刷，管线保护带的管理，排水沟的疏通，管廊的修整和填补等。

②管廊管线的日常检查和维护。入廊管线虽然避免了直接与地下水和土壤的接触，但仍处于高盐碱性的地下环境，因此对管线应当进行定期测量和检查。用各种仪器发现日常巡检中不易发现或不能发现的隐患，主要有管道的微小裂缝、腐蚀减薄、应力异常、埋地管线绝缘层损坏和管道变形、保温脱落等。检查方式包括外部测厚与绝缘层检查、管道检漏、管线位移和土壤沉降测量和管道取样检查。对线路设备要经常检查其动作性能。仪表要定期校验，保持良好的状况。紧急关闭系统务必做到不发生误操作。设备的内部检查和系统测试按实际情况，每年进行1～4次。

汛期和冬季要对管廊和管线做专门的检查维护，主要包括检查和维修管廊的排水沟、集水坑、潜水泵和沉降缝、变形缝等的运行能力；检修管廊周围的河流、水库和沟壑的排水能力；维修管廊运输、抢修的通道；配合检修通信线路，备足维修管线的各种材料；汛期到后，应加强管廊与管道的巡查，及时发现和排除险情；冬季维修好机具和备足材料；要特别注意回填裸露管道，加固管廊；检查地面和地上管段的温度补偿措施；检查和消除管道泄漏的地方；注重管廊交叉地段的维护工作。

对于损坏或出现隐患的管线要及时进行维修。管道的维修工作按其规模和性质可分为：例行性（中小修）、计划性（大修）、事故性（抢修），一般性维修（小修）属于日常性维护工作的内容。例行的维修工作有以下项目：处理管道的微小漏油（砂眼和裂缝）；检修管道阀门和其他附属设备；检修和刷新管道阴极保护的检查头，里程桩和其他管线标志；检修通信线路，清刷绝缘子，刷新杆号；清除管道防护地带的深根植物和杂草；洪水后的季节性维修工作；露天管道和设备涂漆。

计划性维修工作按实际需要决定，其内容包括：更换已经损坏的管段，修焊穿孔和裂缝，更换绝缘层；更换切断阀等干线阀门；检查和维修水下穿越；部分或全部更换通信线和电杆；修筑和加固穿越跨越两岸的护坡、保坎、开挖排水沟等土建工程；有关更换阴极保护站的阳极、牺牲阳极、排流线等电化学保护装置的维修工程；管道的内涂工程等。

事故性维修指管道发生爆裂、堵塞等事故时被迫全部或部分停产进行的紧急维修工程，亦称抢险。抢修工程的特点是，它没有任何事先计划，必须针对发生的情况，立即采取措施，迅速完成，这种工程应当由经过专门训练，配备成套专用设备的专业队伍施工。必要的情况下，启动应急救援预案，确保管廊及内部管道、线路、电缆的运行安全。

以上全部工作由管线产权单位负责，管廊管理公司负责巡检、通报和必要的配合。

③综合管廊附属系统的维护管理。综合管廊内附属系统主要包括控制系统、火灾消防与监控系统、通风系统、排水系统和照明系统等，各附属系统的相关设备必须经过有效及时的维护和操作，才能确保管廊内所有设备的安全运行。因此附属系统的维护在综合管廊的维护管理中起到非常重要的作用。

控制中心与分控站内的各种设备仪表的维护需要保持控制中心操作室内干净、无灰尘杂物，操作人员定期查看各种精密仪器仪表，做好保养运行记录；发现问题及时联系公司相关自控专业技术人员；建立各种仪器的台账，来人登记记录，保证控制中心及各分控站的安全。

通风系统指通风机、排烟风机、风阀和控制箱等，巡检或操作人员按风机操作规程或作业指导书进行运行操作和维护，保证通风设备完好、无锈蚀、线路无损坏，发现问题及时汇报至公司的相关人员，及时修理。

排水系统主要是潜水泵和电控柜的维护，集水坑中有警戒、启泵和关泵水位线，定期查看潜水泵的运行情况，是否受到自动控制系统的控制，如有水位控制线与潜水泵的启动不符合，及时汇报，以免造成大面积积水影响管廊的运行。

照明系统的相关设备较多，包含电缆、箱变、控制箱、PLC、应急装置、灯具和动力配电柜等设备。保证设备的清洁、干燥、无锈蚀、绝缘良好，定期对各仪表和线路进行检查，管廊内和管廊外的相关电力设备全部纳入维护范围。

电力系统相关的设备和管线维护应与相关的电力部门协商，按照相关的协议进行维护。

火灾消防与监控系统，确保各种消防设施完好，灭火器的压力达标，消防栓能够方便快速地投入使用，监控系统安全投入。

以上设备需根据有效的设备安全操作规程和相关程序进行维护，操作人员经过一定的专业技术培训才能上岗，没有经过培训的人员严禁操作相关设备。同时，在综合管廊安全保护范围内原则上应禁止从事排放、倾倒腐蚀性液体、气体；爆破；擅自挖掘城市道路；擅自打桩或者进行顶进作业以及危害综合管廊安全的其他行为。如确需进行的应根据相关管理制度制定相应的方案，经高新区公用事业服务中心和管廊管理公司审核同意，并在施工中采取相应的安全保护措施后方可实施。管线单位在综合管廊内进行管线重设、扩建、线路更改等施工前，应当预先将施工方案报管廊管理公司及相关部门备案，管廊管理公司派遣相应技术人员旁站确保管线变更期间其他管线的安全。

（5）综合管廊维护管理的制度体系。

为确保综合管廊的管理高效、规范，由青岛高新区公用事业中心牵头，制定了一系列综合管廊维护管理的制度，形成了一套较完整有效的综合管廊管理制度体系。制度体系主要包括综合管廊的安全管理制度、安全检查制度、安全教育制度、消防保卫管理制度、安全操作规程、进出综合管廊须知、入廊工作申请程序、入廊施工管理规定、廊内施工作业规范、管廊进出规定、动火作业管理规定、安装工程施工管理暂行规定、巡视巡检规定等。制度体系将综合管廊维护管理的内容、流程、措施等进行了深入和细化，是综合管廊能高效规范运行的保障。

如安全管理制度对如何建立应急联动机制，如何实施突发事件的应急处理，事故处理程序、安全责任制等做出了详细规定。安全监察制度对安全检查的内容、检查频率、检查方式方法、安检人员职责、问题整改的落实和监督等做了详细有效的规定，使安全工作更加明确，提高了可操作性。另外综合管廊是城市公共安全管理的重要环节，对进出管廊进行了严格的审批程序规定，未经审批任何无关人员不得擅自进入管廊。需要进入综合管廊的人员应当先行向管廊管理公司提出申请，并履行相应入廊管理制度，确保人员安全并由管廊管理公司派遣相应人员同时到场方可入廊。对入廊作业人员严格管理，实名登记并发放作业证，在廊内必须随身佩戴。对廊内动火作业等特殊工种进行专项审批登记和重点监控等。未经同意擅自进入综合管廊造成损害的，应负担相应责任。

（6）综合管廊维护管理的绩效考核。

综合管廊维护管理的绩效考核由高新区公用事业中心作为行业主管单位负责具体实施，考核对象是综合管廊管理公司。考核采取日常考核、定期考核和抽检抽查相结合的方式，主要从两个方面开展，一是公司规章制度和管理措施执行考核，二是综合管廊维护的监督检查考核。考核结果直接与财政拨付的维护费用挂钩，实施扣减。

具体考核措施是：公司规章制度和管理措施执行考核。要求建立完善的管廊维护作业管理体系、应急预案及演练体系。建立并严格执行考勤制度。建立管廊作业责任制，责任到人，做到全区域管廊责任范围无遗漏。建立完善的岗位安全操作规程和作业要求。建立岗位工作检查制度，做到每日检查，考核检查记录及问题整改记录。按区域制定管廊设施及线路保养检修时间计划和分级实施方案制度，检查保养记录及保养等级。建立作业人员着装和劳动保护用品使用规定，工作人员按规定着装，佩戴安全防护用品。工作人员着装，佩戴安全防护用品必须规范。建立维修用工器具统一管理摆放保养发放制度，检查执行到位情况。建立车辆管理制度，保证车辆服务一线，为管廊的突发情况处理提供支持，检查制度建立和执行情况。制定管廊维护岗位工作时间安排规定，实行标准化、制度化作业管理。制定工作记录制度、问题处理和汇报制度（按照问题的类型、大小分析结果现场决定处理、上报程序人数）、岗位换班交接制度等。对各项制度的制定及落实情况进行监督检查和考核。

管廊维护监督检查考核。要求管廊内洁净达标，做到无垃圾杂物、无积水、无粉尘和异味等空气污染。管廊内建筑垃圾等废弃物不得随地堆放，随时装袋收集堆放整齐，当日收工时清除出管廊。控制中心操作人员必须按照操作规程操作，及时发现事故及各类隐患。人员登记、巡查调度维修等记录真实、及时、健全。对管廊内线路破损，通风、排水设备、监控监测系统等管廊设施不正常工作，部件锈蚀，管廊四壁破损鼓包等现象应及时发现、处置及时。管廊内管线出现故障问题，一经发现须立即报告，联系管理单位进行处置维修。对集水坑淤积、排水沟不通畅，进出廊管线渗漏等现象需及时上报处理。管廊内进行管线巡检、维修和施工需按规定履行入廊作业管理程序（进出管廊的单位与人员的申请、登记、工作票、作业票、动火票等），作好记录。管廊外部有妨害管廊安全和稳定运行的行为须及时发现、制止并报告，必要时报警。针对投诉查实及其他不符合综合管廊管理办法的行为现象，根据实际情况进行扣分处理。

综合管廊管理公司内部也根据考核内容制定了相应绩效考核规定直接考核各岗位的工作人员和直接责任人，形成了直接与公司收益和个人经济利益挂钩的全方位、多层次的绩效考核体系，确保了考核的有效性。对综合管廊的维护管理起到了良好的督促效果。

（7）青岛高新区综合管廊运营管理

综合管廊是带有自然垄断性质的公共产品。青岛高新区综合管廊的运营管理应该从青岛高新区实际出发，选择适合的运营管理模式，同时地方政府要起到正确引导、科学监管的作用。因此，青岛高新区综合管廊运营管理的前提是要实现综合管廊模式下社会公共产品高效供给。实现综合管廊社会效益的最大化，同时尽可能回收建设及运营成本，减少政府财政压力是青岛高新区综合管廊运营管理的总体目标。

青岛高新区综合管廊运营管理的原则可以概括为以下几点：一是稳妥，二是效率，三是公平，四是共赢。所谓稳妥，就是要在确保公共产品运营商能够保证社会公共产品持续稳定供给，确保社会责任和社会效益顺利实现的前提下进行运营。所谓效率，一是要产权清晰。二是要建管分离，即综合管廊的产权和管理经营权的分离，实现权责清晰。尤其是综合管廊运营初期，因其公共属性必然使其在成本核算中处于亏本状态，必须政府补贴。这就需要地方政府在综合管廊的运营管理中发挥主导作用。三是把握阶段。在高新区经济社会发展的不同时期，综合管廊的作用和实现效益的条件不同。应该根据发展中的实际情况合理调整，选择适合的运营模式。适时考虑放开竞争，根据实际需要在特许经营方面做出调整，引入民营资本等，以提高运营效率。所谓公平，是确保竞争公平。即综合管廊面向公用事业供应商平等开放，在价格和准入条件上实现公平。所谓共赢是要在充分考虑运营商利益的情况下，进行建设和维护成本的回收。因为综合管廊的公共产品性质，不能一味以此为载体谋求成本回收，在适当的情况下财政应当进行补贴，确保运营的可持续性。

青岛高新区综合管廊运营管理的政府监管工作由高新区公用事业服务中心作为行业管理单位，代表高新区地方政府具体实施。监管的具体形式主要有两种，第一是直接监管。在高新区的开发建设初期，综合管廊由国有独资的专门公司负责运营，要更多地承担高新区的社会公共责任，发挥综合管廊的社会职能和效益。在这种情况下，主要采取直接监管的形式。即在高新区地方政府的领导下，通过公用事业中心的具体组织和协调，将综合管廊运营商和其他经济主体的行为统一在社会效益最大化的目标之下。具体说来，就是要使公用事业价格、综合管廊的各种费用的确定以及综合管廊运营商的行为得到规范，有利于高新区企业和居民的入驻。第二种是合同监管。就是由公用事业中心代表政府以合同方式参与或介入综合管廊特许垄断经营权的授予、相关协议的订立以及综合管廊运营管理的其他活动中。同时对综合管廊运营公司与其他经济主体之间签署的业务合同进行必要的监管和监督。待高新区的发展进入逐步成熟的阶段，就更适于采取较为稳定和规范的合同监管形式。

高新区公用事业中心作为监管单位应就公共事业运营商的准入、公共产品的价格、管廊租费的标准、租费的收取及缴纳以及公共产品供给的持续性和质量等方面进行有效的监管和协调。

【案例 2-4】有代表性的其他城市

广西南宁自 2003 年起开始研究并计划实施综合管廊工程，起草了《南宁市市政管廊建设总体方案》《南宁市市政管廊建设管理暂行办法》等文件，并于 2005 年起实行试点。南宁综合管廊建设采取的是政企合作的股份制公司模式。政府指定一家国有资产管理公司以地下空间资源入股，与投资商合作组建综合管廊公司。该国有资产管理公司代表政府与投资商签订有关合同，共同开展项目的建设和建成后的维护及运营管理工作。政府授予该股份制合作公司综合管廊特许经营权，作为其日后管理运营的政策基础。

2006 年，南宁市人民政府下发《关于授予市政管廊建设项目特许经营权的批复》，成立了南宁鸿宇市政管廊投资建设管理有限公司，并授予该公司市政管廊 30 年特许经营权。该公司全面负责实施全市的管廊建设及运营管理。但目前南宁建设的多为弱电管线走廊，与综合管廊在总体规模上还有较大差距。但南宁市给市政管廊建设和运营管理的模式建立提供了一定的借鉴，即政府与企业公私合营的运作模式。这种模式可以有效动员社会资金，在很大程度上缓解政府建设资金的压力，实现企业经济效益和政府社会效益的双赢。同时，这种模式也可以进一步向 BT、BOT 等模式演变，为综合管廊的开发提供更多更灵活的模式选择。

南京实施的是南京市鸿宇市政设施投资管理公司创建的"鸿宇市政管廊"的新模式，这种模式是以政府为主导并提供政策支持，民营资本承接并具体运作的模式。南京市自 2002 年起开始吸引民营资本参与市政设施的建设和运营，走出一条政企合作开发建设市政基础设施的新路子。作为民营企业的南京鸿宇市政设施管理公司自筹资金 1 亿多元，在南京市多条新建改建主干道上与道路同步施工埋设"鸿宇市政管廊"总长达 45km，并将地下天然气、自来水、排污水、强电、弱电等五大类管线一次性预埋在"鸿宇市政管廊"里，确保至少 10 ～ 20 年不再重复开挖。在政府统一协调前提下，投资方通过将管廊以及管廊内的建成管线等设施通过出售、出租、合作经营等方式获得投资回报。这一全新模式有效地解决了过去由煤气、供水、排水、强电、弱电等五大类数十个部门单位的重复开挖、重复建设的难题，杜绝了重复投资造成的浪费和"拉链马路"频繁开膛破肚对生产生活造成的影响。"鸿宇市政管廊"的新模式正在南通、合肥、佳木斯等各地被借鉴并推广应用。

第 3 章　综合管廊成本

3.1　项目成本

城市综合管廊项目成本是指项目形成全过程所耗用的各种费用的总和。城市综合管廊项目成本是由一系列的项目成本细目构成的。

3.1.1　项目定义与决策成本

项目定义与决策是每个项目都必须要经历的第一个阶段，项目定义与决策的好坏对项目的实施和项目建成后的经济效益与社会效益会产生重要影响。为了对项目进行科学的定义和决策，在这一阶段要进行翔实的各种调查研究，收集和掌握第一手信息资料，进行项目的可行性研究，最终做出抉择。要完成这些工作需要耗用许多人力、物力资源，需要花费许多资金，这些资金构成了城市综合管廊项目成本中的项目定义与决策成本。

3.1.2　项目采购成本

所谓项目采购成本是指为获得项目所需的各种资源（包括物料、设备和劳务等），项目组织就必须开展一系列的询价、选择供应商、广告、承发包、招投标等一系列的工作。对于项目所需商品购买的询价、供应商选择、合同谈判与合同履约的管理需要发生费用，对于项目所需劳务的承发包及从发标、广告、开标、评标、定标、谈判到签约和履约同样也需要发生费用。这些就是项目为采购各种外部资源所需要花费的成本，即项目的采购成本。

3.1.3　项目实施成本

在项目实施过程中，为生成项目产出物所耗用的各项资源构成的费用统一被称为"项目实施成本"。这既包括在项目实施过程中所耗费物质资料的成本（这些成本以转移值的形式转到了项目产出物中），也包括项目实施中所消耗活劳动的成本（这些以工资、奖金和津贴的形式分配给了项目团队成员）。项目实施成本的具体项目包括：

（1）项目人工成本：这是给各类项目实施工作人员的报酬。这包括项目施工、监督管理和其他方面人员的工资、津贴、奖金等全部发生在活劳动上的成本。

（2）项目物料成本：这部分是项目组织或项目团队为项目实施需要所购买的各种原料、材料的成本。

（3）项目顾问费用：当项目组织或团队因缺少某项专门技术或完成某个项目任务的人力资源时，他们可以雇用分包商或专业顾问去完成这些任务。为此项目就要付出相应的顾问费用。

（4）项目设备费用：项目组织为实施项目会使用到某种专用仪器、工具，不管是购买这些仪器或设备，还是租用这种仪器和设备，所发生的成本都属于设备费用的范畴。

（5）项目其他费用：不属于上述项目的其他费用。例如，在老城区建设综合管廊项目时，原有道路下面布有管线的区域需将管线挖出并妥善放置，以保证建设期间管线能维持正常运作，该部分工作所需费用应纳入综合管廊建设费用当中，而费用大小依据当地地形及管线种类数量确定。

（6）项目不可预见费：项目组织还必须准备一定数量的不可预见费（意外开支的准备金或储备），以便在项目发生意外事件或风险时使用。例如，由于城市综合管廊成本估算遗漏的费用，由于出现质量问题需要返工的费用，发生意外事故的赔偿金，需要赶工加班而增加的成本等。

项目实施成本是项目总成本的主要组成部分，在没有项目决策或设计错误的情况下，项目实施成本会占项目总成本的90%左右。因此城市综合管廊项目成本管理的主要工作是对项目实施成本的管理与控制。

以上也可理解为一般工程项目所包含的项目成本内容。如具体来说，综合管廊工程所需费用包括工程建设费用和维护管理费用，其中，工程建设费用又分为主体建设费用、附属设施费用以及工程勘测设计咨询费用等，详见图 3-1、图 3-2。

综合管廊项目建设投资根据断面的不同，其土建工程的建造单价随之变化，一般为 6000 ~ 8000 万元 /km，是直接敷设管线的 4 ~ 6 倍。目前全国各处综合管廊项目工程建设费用差异很大，这主要是因为在计算每 km 管廊建设费用的时候没有考虑管廊截面的因素，同时部分是由于各地地质结构、材料费用等不同导致，在某些地质结构复杂的地区，如填海区，其土建工程的建造单价相对于其他地区同等断面的造价大幅上升。

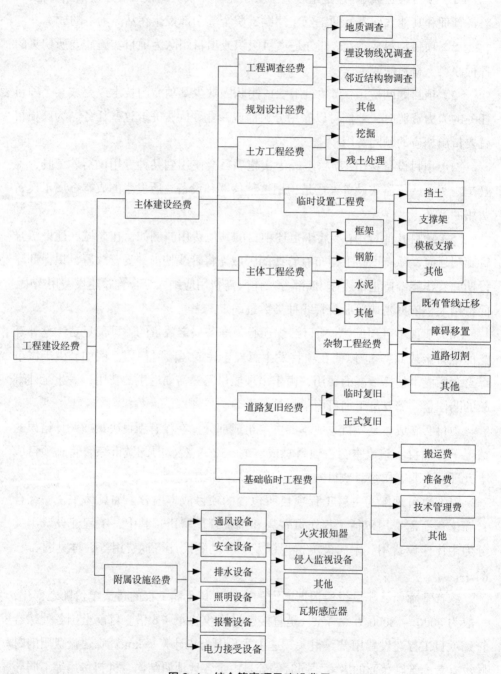

图 3-1 综合管廊项目建设费用

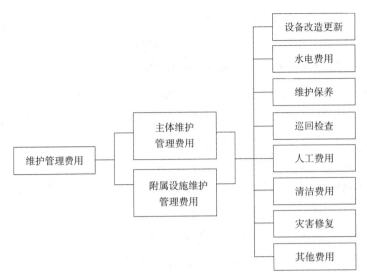

图 3-2 综合管廊项目维护管理费用

综合管廊维护管理费用则可以分为主体维护管理费用及附属设施的维护管理费用，主要包括运转设备所需的水电费用、巡回检查及保洁清理等所需的人工费用、设备维护及更换费用等。

除了工程建设费用和维护管理费用外，还可能涉及其他费用。例如，由于干线综合管廊一般设置在道路中央绿化带下方，支线综合管廊及缆线管廊则一般设置在人行道下方，因此若在老城区建设综合管廊时，势必会对道路交通、周边商圈等造成一定影响。不同施工方法的影响程度不一样，若采用明挖覆盖法，则必须利用施工隔离装置封闭部分车道，若采用盾构施工方法，则每隔一段距离需设置施工竖坑。而无论哪种施工方法都会产生综合管廊项目的其他成本，即交通堵塞成本、道路破坏成本及周边商圈生意影响成本等。若在新区建设时，由于周边基本无已建成区域及道路，综合管廊建设诸如此类的成本便可以忽略不计。

3.2 运行成本

在工程建设中，若以传统直埋方式铺设管线时，则为使管线得以正常运作，管线埋设好后，需要定期进行维护及故障修复。在这种情况下，管线单位、管线用户、道路管理机关以及社会大众均需要付出一定程度的成本。对于管线单位来说，其成本包括管线成本、初次及重复埋设成本、管线定期更换成本、故障维修成本及管理成本等。其中，在需要挖掘道路时，管线单位还需付出道路挖掘成本和道路修复成本。管线用户的成本主要来源于管线更换及故障时所造成的不便。道路管理机关则因为道路经常挖掘而导致使用寿命缩短，需要重新铺设道路或进行修补时产生的成本。而社会大众付出的成本主要是在管线铺设、更换及维修时，施工团队占用车道及道路导致的交通堵塞，管线被其他工程施工挖断时造成的损失，以及管线直埋对城市景观的影响等。

综合管廊运行成本同传统直埋，即包括管线初次铺设费用、管线日常维护费用。由于各种市政管线都有自己的生命周期，理想状态下电缆的使用周期一般为 15 年，铸铁材质的供水管线使用寿命一般为 20～30 年，而且由于氧化、挤压等各种原因，还会不同程度地缩短管线的寿命，所以传统直埋的管线需要每间隔一定年数就对道路进行开挖重新铺设管线。同时，随着城市不断发展，原先铺设管线区域的服务对象将会呈不断增多的趋势，这就需要管线不断进行扩容，扩容的过程也是相当于重新铺设的过程，这部分费用应计入管线直埋成本当中。

此外，综合管廊的运行成本还应包括由于挖道路导致，对道路本身破坏成本及道路交通堵塞成本。

【案例 3-1】地下综合管廊测算方案

城北路地下综合管廊投资及运营情况如下

1. 项目投资情况（按目前投资）

城北路地下综合管廊项目计划总投资为 13.59 亿元，其中建安费 11.83 亿元；迁移费 0.95 亿元；预备金 0.5 亿元；利息 0.3 亿元，具体见表 3-1。

城北路地下综合管廊投资费用表 表 3-1

指标名称	单位	投资
建安费	万元	1183000
财务成本（建设期利息，按年中借款计）	万元	3336.4
迁移费	万元	9500
预备金	万元	5000
建设成本（总投资）	万元	137000.0

2. 城北路地下综合管廊运营成本和费用

见表 3-2。

城北路地下综合管廊运营成本费用表　　　表 3-2

指标名称	单位	费用
年均运营成本	万元 / 年	11562.1
年均公司管理费用	万元 / 年	455.0
年均维修成本	万元 / 年	404.3
年均财务成本（租赁费 + 维护管理费模式）	万元 / 年	4244.5
年均折旧摊销（租赁费 + 维护管理费模式）	万元 / 年	6458.3

针对运营过程中发生的财务成本，本次测算按照 24 年等额本息模式进行还款，每年平均总成本费用为 11562.1 万元。

3. 城北路地下综合管廊收费机制及收费标准

（1）收费类别

在物价部门指导下，管廊公司与各入廊管线单位协商确定两类收费：①入廊费或租赁费；②维护管理费。

入廊费为一次性收取的使用费，租赁费为 24 年分期收取（特许经营期为 25 年，其中：建设期 1 年，运营期 24 年）的使用费。

（2）定价机制

1）入廊费或租赁费根据建设成本按"空间比例法"测算，维护管理费根据日常维护的相关费用按"空间比例法"分摊。维护管理费为地下综合管廊日常维护发生的相关费用。

2）入廊费或租赁费根据建设成本按"空间比例法之工作区域"测算，维护管理费根据日常维护的相关费用按"空间比例法之工作区域"分摊。维护管理费为地下综合管廊日常维护发生的相关费用。

3）入廊费或租赁费按"年限使用比例法"测算，维护管理费根据日常维护的相关费用按"空间比例法之工作区域"分摊。维护管理费为地下综合管廊日常维护发生的相关费用。

（3）以城北路管廊为例的收费标准

1）"空间比例法"

①入廊费

入廊费单价＝计算基数 × 空间占比 ÷ 孔数 ÷ 长度

入廊费总计＝入廊费单价 × 孔数 × 长度

计算基数为 13.6 亿元 (总投资)。如：电力管线空间占比 32%，孔数约 65 孔，长度 11.5km，经测算（13.6×32%÷65÷11.5=582.2 元 /（孔·m）），入廊费单价约 582.2 元 /（孔·m）。

电力管线入廊费总计 =582.2×65×11.5=43519 万元。

具体管线单位入廊费计算如表 3-3 所示。

管线单位入廊费　　　　　　　　　　　　　表 3-3

管线类型	基数（亿元）	空间比例（%）	孔数	长度(m)	单价	入廊费总计（万元）
电力	13.6	32	65	11500	664 元 /（孔·m）	43519
给水		21	2	11500	12326 元 /m	28350
弱电		15	168	11500	106 元 /（孔·m）	20479
直饮水预留		2	1	8300	3277 元 /m	2720
中水预留		2	1	8300	3277 元 /m	2720
空调预留		4	1	11500	4730 元 /m	5440
污水		4	1	8300	6554 元 /m	5440
燃气		20	1	11500	23652 元 /m	27200
合计		100				136000

②租赁费

年租赁费单价＝计算基数 × 利率 ×（1＋利率）^{分期付款期数} ÷〔（1＋利率）^{分期付款期数} −1〕× 空间占比 ÷ 孔数 ÷ 长度

年租赁费总计＝年租赁费单价 × 孔数 × 长度

计算基数为 13.6 亿元（总投资）；分期付款期数为 24 年；利率采用 6.15%（基准利率）。

如：电力管线单位租赁费 =13.6×6.15%×（1+6.15%）^{24}÷〔（1+6.15%）^{24}–1〕×32%÷65÷11.5=47 元 /（孔·m·年）。

电力管线年租赁费总计 =53.6×65×11.5=4007 万元。

具体管线单位租赁费计算如表 3-4 所示。

工作区域空间占比　　　　　　　　　　　　　　　　　　表 3-4

管线类型	基数（亿元）	利率（%）	期数	空间比例（%）	孔数	长度（m）	租赁单价（元/（孔·m·年））	年租赁费（万元）
电力				32	65	11500	47.0	3516
给水				21	2	11500	1003.2	2307
弱电				15	168	11500	8.5	1648
直饮水预留	13.6	6.15	24	2	1	8300	191.1	220
中水预留				2	1	8300	191.1	220
空调预留				4	1	11500	382.2	439
污水				4	1	8300	382.2	439
燃气				20	1	11500	1910.8	2197
合计								10986

③维护管理费

维护管理费 = 日常年均经营成本 + 税金 + 利润

其中：日常年均经营成本 = 工资薪酬 + 维护修理费 + 管理费及其他

按上海安亭（38.6 万元 /（km·年））及月亮湾（65 万元 /（km·年））实际日常年运行成本的综合平均值考虑，城北路维护管理费标准为每年 52 万元 /km，每年总计收费为 598 万元。

2）"空间比例法之工作区域"

①入廊费

入廊费单价 = 计算基数 × 工作区域空间占比 ÷ 长度

入廊费总计 = 入廊费单价 × 长度

计算基数为 16.748 亿元（总投资）。如：电力管线空间占比 33.7%，长度 8.017km，经测算（13.6×33.2%÷8.017=694 元 /m），入廊费单价约 664 元 /m。

电力管线入廊费总计 =694×8.017=55672 万元。

具体管线单位入廊费计算如表 3-5 所示。

管线单位入廊费 表 3-5

总投资（亿元）	管线种类	长度（km）	占比	收费（万元）	每 km（万元）
16.748	供电	8.017	0.3324	5.5672	0.6944
	弱电	8.017	0.0907	1.5185	0.1894
	自来水	8.017	0.2698	4.5186	0.5636
	污水	1	0.0085	0.1415	0.1415
	燃气	8.017	0.1474	2.4688	0.3079
	蒸汽	8.017	0.1513	2.5334	0.3160
合计			16.748 亿元		

②租赁费

年租赁费单价 = 计算基数 × 利率 ×（1+ 利率）^{分期付款期数} ÷〔（1+ 利率）^{分期付款期数} −1〕× 工作区域空间占比 ÷ 长度

年租赁费总计 = 年租赁费单价 × 长度

计算基数为 16.748 亿元（总投资）；分期付款期数为 24 年；利率采用 5.4%（基准利率）。

如：电力管线单位租赁费 =13.6×5.4%×（1+5.4%）^{24} ÷〔（1+5.4%）^{24}−1〕×33.24%÷8.017=47 元 /（m·年）

电力管线年租赁费总计 =53.6×8.017=4007 万元

具体如表 3-6、表 3-7 所示。

管线年租赁费 表 3-6

管线类型	基数（亿元）	利率（%）	期数	空间比例（%）	长度（m）	租赁单价（元 /（m·年））	年租赁费（万元）
电力	16.748	5.4	24	33.24	8017	5230	4193
给水				26.98	8017	4245	3403

续表

管线类型	基数 （亿元）	利率（%）	期数	空间比例 （%）	长度（m）	租赁单价 （元/（m·年））	年租赁费 （万元）
弱电				9.07	8017	1427	1144
热力				15.13	8017	2381	1908
污水	16.748	5.4	24	0.85	1000	1261	126
燃气				14.74	8017	2319	1859
合计							10986

管线年租赁费　　　　表 3-7

租赁	总投资	管线种类	长度（km）	占比	公司年成本（元）	利率（%）	工程费用（元）	租赁费（元）
城北路	13.6	供电	8.017	0.3324	0.1259	5.4	3404.91	3436.43
		弱电	8.017	0.0907			928.70	937.30
		自来水	8.017	0.2698			2763.54	2789.12
		污水	1	0.0085			86.56	87.36
		燃气	8.017	0.1474			1509.89	1523.86
		蒸汽	8.017	0.1513			1549.44	1563.78

3）"年限使用比例法"

入廊费单价＝（单位长度直埋成本＋单位长度管线费用）×直埋管线使用年限÷入廊管线使用

入廊费总计＝入廊费单价×孔数×长度

计算基数为 13.6 亿元（总投资）。如：电力管线空间占比 32%，孔数约 65 孔，长度 11.5km，经测算（13.6×32%÷65÷11.5=582.2 元/（孔·m）），入廊费单价约 582.2 元/（孔·m）。

电力管线入廊费总计＝582.2×65×11.5=43519 万元。

具体管线单位入廊费计算如表 3-8 所示。

管线类型	基数 （亿元）	空间比例 （%）	孔数	长度（m）	单价	入廊费总计 （万元）
电力		32	65	11500	664元/（孔·m）	43519
给水		21	2	11500	12326元/m	28350
弱电		15	168	11500	106元/（孔·m）	20479
直饮水预留	13.6	2	1	8300	3277元/m	2720
中水预留		2	1	8300	3277元/m	2720
空调预留		4	1	11500	4730元/m	5440
污水		4	1	8300	6554元/m	5440
燃气		20	1	11500	23652元/m	27200
合计		100				136000

管线单位入廊费   表3-8

第4章 综合管廊效益分析

地下综合管廊是目前世界发达城市普遍采用的城市市政基础工程，是一种集约度高、科学性强的城市综合管线工程。它较好地解决了城市发展过程中的市政道路反复刨掘问题，也为城市上空线路"蛛网"密布现象提供了一种有效的解决方案；是解决地上空间过密化、实现城市基础设施功能集聚、创造和谐的城市生态环境的有效途径。随着城市的不断发展，综合管廊内还可提供预留发展空间，保证了可持续发展的需要，是21世纪新型城市市政基础设施建设现代化的重要标志之一。

结合各城市综合管廊建设的具体情况，根据工程定额资料对采用常规方式将各种地下管道独立埋设和建设综合管廊统一布设这两种方式进行投资估算对比可知，综合管廊的前期投资约高出传统直埋布设方式的50%左右，造价高，这是综合管廊建设的主要缺点。

虽然造价有所增加，但综合管廊本身所特有的优点，其综合技术经济效益远高于所增加的初期建设投资。采用综合管廊后，检修或更换管线时，不用开挖及维修路面，可以减少因道路施工等带来的交通阻塞，从而可减少引起的其他行业停营所造成的间接经济损失。可延长各种管线寿命，可以对进入综合管廊内的各行业进行租赁经营，对投资进行回收。

总体来说，修建综合管廊所带来的经济效益和社会效益，远远超出综合管廊自身建设时所增加的一次性投入，这也正是发达国家努力推行综合管廊技术的原因之一，具体来讲，综合管廊的建设有以下几点好处：

（1）由于综合管廊将各类管线均集中设置在一条隧道内，消除了通信、电力等系统在城市上空布下的道道蛛网及地面上竖立的电线杆、高压塔等，避免了路面的反复开挖，降低了路面的维护保养费用，确保了道路交通功能的充分发挥。

（2）由于道路的附属设施集中设置于综合管廊内，使得道路的地下空间得到综合利用，腾出了大量宝贵的城市地面空间，增强道路空间的有效利用，并且可以美化城市环境，创造良好的市民生活环境。

（3）日本阪神地震的防灾抗灾经验说明，即使受到强烈的台风、地震等灾害，城市各种管线设施由于设置在综合管廊内，因而也就可以避免过去由于电线杆折断、倾倒、电线折断而造成的二次灾害。发生火灾时，由于不存在架空电线，有利于灭火活动迅速进行，将灾害控制在最小范围内，从而有效增强城市的防灾抗灾能力。

4.1 经济效益

综合管廊的经济效益即为管线直埋的内部成本，管线直埋内部成本包括管线初次铺设费用、管线日常维护费用。由于各种市政管线都有自己的生命周期，理想状态下电缆的使用周期一般为 15 年，铸铁材质的供水管线使用寿命一般为 20～30 年，而且由于氧化、挤压等各种原因，还会不同程度地缩短管线的寿命，所以传统直埋的管线需要每间隔一定年数就对道路进行开挖重新铺设管线。同时，随着城市不断发展，原先铺设管线区域的服务对象将会呈不断增多的趋势，这就需要管线不断进行扩容，扩容的过程也是相当于重新铺设的过程，这部分费用应计入管线直埋内部成本当中。

此外，管线以进入综合管廊方式铺设相对于直埋铺设，可以减少管线使用寿命下降导致需要更换的次数。

建立与收费机制相协调的、多元化的投融资模式。收费定价机制决定着项目运营期间的现金流，而现金流制约着项目的盈利能力、投资回报率及投资回收期等关键指标，虽然综合管廊是准公共物品，项目财务评价不是决定建设投融资模式的唯一评判标准，但收费定价机制仍旧是影响综合管廊项目投融资模式的最重要因素之一。由于没有相应的收费机制，在当前我国综合管廊的建设中，除财政直接投资外，政府常常以城市建设配套费、土地批租费等为名义来筹措建设和运营资金。这事实上只是财务上的一种处理方法，本质上还是政府投资建设，由财政来保证综合管廊的运营。至于目前在我国基础设施建设领域应用较多的 BT 模式与传统的财政直接投资模式相比，实际只是支付方式上发生变化，本质上仍然是政府财政投资。改革现有投资方式，建立与收费机制相协调的投融资模式就成为综合管廊科学、可持续发展的必然选择。在综合管廊政策立法的前提下，结合城市基础设施体制改革的深化，利用综合管廊收费的配套政策，以科学合理的收费机制为基础，灵活运用 BOT、TOT 等新型投融资模式，逐步拓宽包括管线单位在内的社会各方资金的投资渠道，不断加大财政融资方式外的其他融资方式的比重，逐渐形成与收费机制相协调的、多元化的融资格局，是综合管廊长期稳定发展的保障。

制定兼顾各方利益的收费定价机制。收费定价机制不仅影响综合管廊的投融资模式，而且对入廊管线规划方案、建设时序和方式、运营管理模式等综合管廊发展的各个方面有着重要的影响。制定合理的综合管廊收费定价机制是实现综合管廊科学可持续发展的关键因素。综合管廊不收费，完全依靠政府财政出资，既存在效率低下的隐患，也由于给政府财政带来的沉重包袱而不可持续；以综合管廊边际成本（即日常维护管理费用）定价所带来的固定资产折旧损失也必须依靠政府补贴的方式解决，同样会给政府财政带来沉重负担；再者考虑了固定资产投资的综合管廊平均成本（即固定资产折旧与日常维护管理费用之和）定价虽然可以使综合管廊管理者不致亏损，但是平均成本定价既面临因管线单位入廊意愿下降而带来的可行性降低，又面临在强制入廊情况下社会福利受损的矛盾之中。因此，综合管廊的收费定价既不能是公共物品的边际成本定价，也不能是私人物品的平均成本定价，而应该是类似拉姆赛定价法的、兼顾考虑多种因素的定价方法。综合管廊的收费定价标准既要体现统一标准的公平性要求，又要反映不同类型管线、不同区域之间的差异性要求，综合管廊收费中无论采用何种定价方法，收费定价机制的合理性应以保障社会总体效益最大化、相关各方享受的权利与承担的义务相匹配为最终评判标准。

以太湖新城综合管廊为例，单仓形式的综合管廊土建费用单价约为 2000 万元 /km，双仓形式的综合管廊土建费用单价约为 3000 万元 /km；附属系统单价约为 1000 万元 /km，附属系统运行管理维护费用约为每年 10 ~ 15 万元 /km。如以综合管廊的设计使用寿命 50 年、资金利率 8% 计，可利用项目财务评价的资本回收公式（式 4-1）计算综合管廊每年需回收的项目投资，对无锡太湖新城的单仓和双仓综合管廊的经济分析如表 4-1 所示。

$$A=P\frac{i(1+i)^n}{(1+i)^n-1} \tag{4-1}$$

式中：A——资金年值；

　　　P——资金现值；

　　　i——资金利率；

　　　n——计息次数。

太湖新城单仓、双仓综合管廊建设运营的经济分析一览表 （单位：万元/km） 表4-1

序号	管廊形式	总造价	资金年值	年维护费	年度总费用
1	单仓	3000	245.23	15	260.23
2	双仓	4000	326.97	15	341.97

由计算可见，在设计使用期限50年、年利率8%的条件下，综合管廊在设计期限内的实际成本大约为每千米200～300万元，是相当昂贵的城市基础设施之一。对综合管廊的巨大投入，必须以对入廊管线收费，或者由其使用而产生交通、环境等外部效益作为回报，因此综合管廊必须在能够产生这些效益或回报的区域进行建设，以提高项目的投资效益和资金的使用价值。

综合管廊优点众多，但是工程投资巨大。综合管廊的土建费用较传统的管线直埋敷设约高1～2倍。另外，综合管廊正常运营必须配置的附属系统也需要较大的投资，附属系统的运行还将产生运行管理维护费用。由上文的计算可知，巨大的建设投资和高昂的运营管理成本都将成为制约综合管廊发展的主要因素。

1. 综合管廊的投资建设模式单一、不可持续。

综合管廊巨大的前期建设投资和高昂的后期运营成本使得社会资本难以或不愿参与投资。根据相关研究，国内已建和在建的综合管廊基本上都是通过各种政府财政手段来筹措建设资金；后期运营中又较少采取收费方式筹集资金，而主要由财政来保证综合管廊的运营，即主要采用"政府投资财政运营、管线单位免费使用"的运作模式，目前无锡市实际上采用的就是政府投资的建设模式。政府财政的支持对于综合管廊的发展有着重要的积极作用，但是随着综合管廊建设和运营规模不断扩大，没有资金回报的巨大建设投资，不断增长的运行管理维护费用，将会使得单一的政府财政支持模式越来越难以为继。单一、不可持续的综合管廊投资建设模式日益成为综合管廊进一步快速发展的主要障碍。

2. 综合管廊的收费定价政策模糊、不确定。

目前，无锡市综合管廊的建设一般采用的是政府投资模式，综合管廊的运营管理成本来源仍未最终确定。并且，尚未为综合管廊制定明确可行的收费定价政策，这将成为未来综合管廊能否稳定运营的主要问题。

3. 综合管廊的发展定位尚不明确。

综合管廊的巨大建设投资和高昂运营成本决定了未来综合管廊的大规模发展

不能仅仅依靠单一的政府财政支持发展模式，而综合管廊的发展模式涉及是否收费、如何收费等一系列问题，这些问题的明确都将取决于对综合管廊的发展定位。作为一种城市基础设施，综合管廊是定位于纯公共物品，还是定位于准公共物品，决定了综合管廊的配套法规体系、投资建设模式等各个方面。尚未明确综合管廊的发展定位是影响综合管廊长期稳定发展的主要因素。

4.2　社会效益

综合管廊的社会效益主要为管线直埋的外部成本，管线直埋外部成本主要是由于其挖掘道路导致，即包括对道路本身破坏成本及道路交通堵塞成本。此外，管线进入综合管廊后带来的环境效益和防灾效益，也是综合管廊外部效益的体现。

管线直埋铺设时，除重新铺设和扩容需要开挖道路外，在日常维护管理中也需要对道路进行开挖。相关研究表明，道路开挖后修复的区域在车辆载荷作用下会相较于没有开挖的道路更易出现沉降、龟裂、路面坑洞或突起等损坏现象，即道路开挖会加速道路的折旧，降低使用寿命。道路开挖造成的道路使用寿命下降，同时期内道路建设成本上升应计入管廊的外部成本当中。

道路挖掘施工时，须以布设限速、禁停等标志、标牌、围挡将部分道路进行封闭，以确保施工人员及来往人行车辆安全。但会导致道路服务容量降低，在交通高峰期易出现交通堵塞现象，其对客运及货运造成的损失也应计入管廊的外部成本当中。

（1）明确综合管廊的准公共物品定位。综合管廊的定位是决定综合管廊发展政策的最根本依据，尽快明确综合管廊的社会物品定位。综合管廊是一种特殊的城市基础设施，之所以称其特殊，是因为它不属于水、电、气等公用事业中直接为社会提供产品和服务的基础设施，而是为这些不同类型的公用事业提供一种公共性和基础性服务的设施。根据公共物品非排他性和非竞争性的两个基本特征，可知综合管廊不属于纯公共物品，而属于准公共物品。作为准公共物品的综合管廊，除了可依靠公共财政支出提供外，还可通过合约委托、授权经营和优惠扶持（包括资助与补贴）、市场配置等多种方式提供。综合管廊的准公共物品的定位基本明确了包括地方政府在内的相关各方的权利和义务，是制定综合管廊发展政策的基础。

（2）完善综合管廊发展的配套法规体系。目前我国与综合管廊相关的法规不完善，综合管廊合理收费无法可依，影响了综合管廊的快速发展。无锡市可借鉴国内外的立法经验，结合各地综合管廊投资建设管理的实际，尽快制定完善综合管廊收费的配套法规。通过立法确定综合管廊的准公共物品定位，明确各项权属和各项资金来源，制定综合管廊有偿使用的基本标准和指导性原则，规范政府财政给予综合管廊管理者和管线单位的各项补贴、资助、补偿，强化综合管廊的日常管理和维护，积极鼓励管线纳入管廊，保障综合管廊综合效益的发挥。通过完善补充城市规划管理、地下空间权属等相关法规，对违反城市规划不进入管廊的管线单位强化惩戒、严格执法，提高管线单位的违法成本；或通过向管线单位征收"道路使用费"等地下空间权属费用，提高管线单位直接敷设管线的建设成本，促进市政管线积极参与管廊建设。

4.2.1 工程建设的可行性

（1）工程性宜建区和功能性适建区。综合管廊作为一项化复杂为简单、一次性投资高但长期效益佳的地下管线敷设方式，选择适宜的建造区是非常必要的。新淮海西路毗邻雨润商业区和淮西商业区，为商业密集区，且该片区的市政基础设施建设刚刚起步，宜作为新城率先试点区结合城市地下空间开发建设综合管廊。

（2）工程建设资金充足。从国家层面上，中央财政发挥中央资金"四两拨千斤"的作用，积极引导地下综合管廊建设，通过现有渠道统筹安排资金予以支持。地方各级人民政府也加大地下综合管廊建设资金投入。省级人民政府要加强地下综合管廊建设资金的统筹，城市人民政府要优先安排地下综合管廊项目，并纳入地方政府采购范围。

（3）组织管理水平高。人民政府作为推进综合管廊工作的责任主体，具有相似工程的组织管理经验，建立了完善的工作协调机制。协调各家综合管线和施工单位，统筹建设，有力推进综合管廊项目的顺利进行。

4.2.2 直接效益

综合管廊建设所产生的直接效益是指综合管廊建成后，即可产生的效益，包含：

（1）综合管廊的建设，可避免给水管道及消防管道、污水管道、电力电缆、通信电缆工程在建设初期投入，从而把原来这些专业工程在同一工作面进行施工各自所需花费的时间，以及相互之间衔接、协调的时间，给了道路工程，使其尽早进行施工，从而加快了整个片区的建设步伐。

（2）因建设综合管廊而避免了将来因增设、维修各类管线，而引起的道路二次开挖，由此直接降低了道路的二次建设、维护费用。同时增加了路面的完整性和耐久性。

（3）因避免了道路的开挖，从而减少了将来对城市交通的干扰，保证了道路交通的畅通，产生了巨大的经济和社会效益。

4.2.3　间接效益

（1）因综合管廊完善的附属设施配置，对各种管线的维修保护能力大大增强，从而延长了其使用寿命；同时也为各种管线的扩容、更新提供方便，提高了各省市可持续发展的能力。

（2）城市架空管线进入综合管廊，这不仅减少了架空管线与绿化的矛盾，而且使园区更加整齐和美观。

（3）由于综合管廊内工程管线布置紧凑合理，有效利用了道路下的空间，不仅节约了城市用地，而且对地下空间的开发利用起到良好的促进作用。

（4）提高了各省市的综合防灾、减灾能力。

4.2.4　项目实施的必要性

（1）保障城市空间整体协调发展和提升城市品位、加快城市发展的需要。综合管廊是 21 世纪新型城市市政基础设施建设现代化的重要标志之一，它避免了由于埋设或维修管线而导致路面重复开挖的麻烦，由于管线不接触土壤和地下水，因此避免了土壤对管线的腐蚀，延长了使用寿命，它还为规划发展需要预留了宝贵的地下空间。同时也是积极响应"一流的规划、一流的设计、一流的建设、一流的质量"的建设要求。徐州市淮海西路综合管廊规划设计和建设能够解决乱建乱挖、建设用地紧张、道路交通拥挤和城市基础设施不足等困难，提升整个城市的品位，美化城市和增强城市功能。以此带动城市的工业化和现代化，加快城市的发展。

（2）合理利用地下空间，完善城市基础设施，保证城市各项功能稳定、集约、高效运转的需要。市政基础设施落后，天上、地下铺设了很多临时线缆，无整体规划，与城市发展严重失衡，从完善城市基础设施以促进全新城区经济发展的角度出发，综合管廊的建设十分紧迫，势在必行。建设综合管廊扩充了市政道路下可敷设管线的空间，提高了地下空间的利用率，节省了土地资源，符合建设节约型社会和土地集约化利用的要求；建设综合管廊可大大减少市政地下管线维护过程中对城市交通和市民生活的影响，是构建和谐社会的有力举措；建设综合管廊是满足市政服务和规划道路红线布置的需要，有利于起步区节约土地，节省资源和环境保护。

第5章 建设模式

随着城市经济的不断发展以及城市化水平的不断提高，我国越来越多的城市已开始开发建设综合管廊，同时许多城市已开始编制综合管廊规划、研究综合管廊的管理体制、制定相关的法规政策。但在这一大背景下，综合管廊的建设投资模式问题始终是制约城市综合管廊开发建设的瓶颈。为此立足我国社会主义市场经济的建立和完善，研究市场经济条件下城市综合管廊开发建设的投资就显得十分必要。

城市综合管廊的开发需要经历项目决策、规划、建设、运营维护管理等过程。城市综合管廊开发项目一旦做出了科学合理的决策，完成整体规划，接下来就需要投入足够的资金来建设。国内现有的综合管廊建设运营模式主要有三种类型：保留政府投融资模式、市场化投融资模式和混合投融资模式，不同模式各有其特点和表现形式。

5.1 专项基金

对于政府来说，无论是以直接投资建设还是以引入社会资本投资建设的方式，都将面临资金短缺的问题。因此，可通过建立综合管廊专项基金对综合管廊建设投资进行补充。该基金为非盈利循环基金，基金的初始资金来源包括建设综合管廊区域的部分土地出让收益、城市基础设施配套费用、上级政府专项资金补贴等款项。

政府主管综合管廊建设的部门应成立基金管理委员会管理专项基金。在引入社会资本作为投资建设主体时，综合管廊专项基金不直接和投资建设主体产生关联，基金对管廊建设的支持通过发起管廊建设的政府部门作为中介实现。无论是政府或是社会资本作为管廊的投资建设主体，在某一区域确定将要建设综合管廊后，均需由该综合管廊的发起部门向基金管理委员会提出借贷申请，经基金管理委员会进行审议通过后再拨付相关款项。

5.2 政府投融资

政府投融资，是指政府以实现调控经济活动为目标，以政府信用为基础筹集资金并加以运用的金融活动，是政府财政的重要组成部分。政府投融资主体是指经政府授权、为施行政府特定的建设项目、代表政府从事投融资活动的、具备法人资格的经济实体，其形式是按《公司法》组建的国有独资公司。

政府投融资主体以政府提供的信用为基础，以政策性融资方式为主，辅之以其他手段进行融资。资金来源渠道主要有两类：一是政府财政出资、专项基金放贷；二是政府债务融资，包括国债资金、政策性贷款、境内外债券、国外政府或国际金融组织贷款等。

政府投融资模式的核心在于：建设项目的投资、建设、运营"三位一体"，全部由政府或政府组建的国有独资公司包揽，是单一的国有所有制经济在城市基础设施建设的具体体现。

政府投融资模式是国内外普遍采用的传统投资模式。如北京和新加坡地铁政府投资比例达 100%，德国曼彻斯特地铁政府投融资占 90%，法国巴黎地铁政府投融资占 80%，中国香港地铁政府投融资占 77%。

从综合管廊建设的性质看，其属于重点基础设施项目，外部效应突出，是城市生产活动正常进行的重要保证。采取此种模式最大的优点就是能依托政府财政和良好的信用，操作简便，融资速度快，可以有效地保障项目建设进度，确保项目的及时建设和完成，避免因谈判时间过长而引起项目时间延误；保证政府对项目的控制，有利于服务的稳定提供。

从经济效益看，其投资规模较大、短期效益不明显、回报率较低，因此，吸引社会资本的难度较大。由政府出资，则可以避免因为综合管廊建设经济效益不明显而出现融资困难的问题。

采用这种模式，对于管线单位而言，可以有效地降低管线的建设成本；对于政府管理者而言，也可以通过合理地收取租赁费回收投资，并保证对项目的控制权。一般在财政状况较好的地区较为适用。

但是这种模式也存在弊端，综合管廊项目一般投资规模较大，采用政府直接全额出资的模式短时间内政府会面临资金短缺的问题，加重财政负担。由于政府必须一次性投入巨额资金，使得资产在公用事业上的沉淀现象加重，不利于盘活国有资产；同时也不利于开拓投融资渠道，利用民间资本。

政府投资建成综合管廊后，往往在后期运营和租赁方面遇到困难。一方面，通常电信等管线单位均设有专门负责线路敷设的部门，如果放弃自行直埋方式而采用综合管廊，则管线单位可能被迫裁撤该类部门，从而引发人员安置问题。另一方面，租赁费用或运营维护费用高等原因，也可能造成管线单位不愿进入综合管廊，从而导致公共资源浪费。

具体如图 5-1 所示。

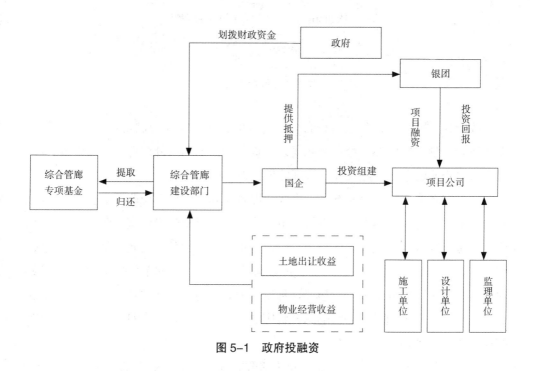

图 5-1　政府投融资

5.3　联合出资

政府与管线单位联合出资是国外在综合管廊建设中最为常用的一种投资模式，也是发展最为成熟的一种投资模式。在联合出资模式下，政府和参与投资的各管线单位共同成立项目公司，负责综合管廊的建设。政府通常划拨专项资金作为综合管廊建设基金，各管线单位则以自有资金出资或部分向银行贷款，联合投资综合管廊建设。综合管廊建成后，由项目公司与专业运营公司签订委托运营合同，由其负责综合管廊的后期运营和日常维护，运营维护费用由政府和各管线单位共同分担，如图 5-2 所示。

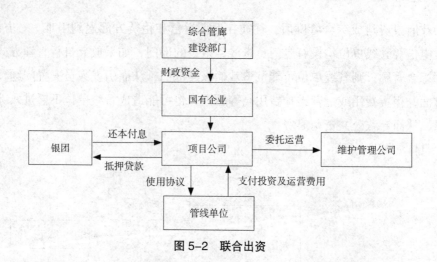

图5-2　联合出资

政府和企业联合出资进行综合管廊建设的关键在于如何制定各方出资比例，在政府和各管线单位之间合理分摊建设出资额。根据国内外综合管廊建设投资经验，政府企业联合出资建设综合管廊的模式包括以下两种：

一是"企业出资、政府补足"模式。即政府和各管线单位联合成立专门的项目公司负责综合管廊建设，将各管线单位用于综合管廊建设的资金集中起来作为建设资金，综合管廊造价与各管线单位资金总和的差额部分由政府补足。其建设资金分摊采用"推定投资额模式"，即参与综合管廊建设的单位仅负担其传统敷设的费用，不足部分由政府承担。这种模式理论上使各管线单位不会因加入综合管廊而致使财务负担过重，影响综合管廊的规划建设。目前，日本综合管廊建设多主要采用此种模式。

二是"比例分摊"模式。即政府按综合管廊建设所需资金的一定比例出资，其余部分由各管线单位按一定比例分摊。其分摊比例的制定采用"传统体积值法"，该方法主要以各管线占用综合管廊的体积为基础，再考虑各类管线传统敷设成本的差异性，综合设定各管线单位分摊综合管廊建设资金的比例。

在这种模式下，纳入综合管廊的各管线单位是建设投资的主体。政府设立专门的项目公司负责综合管廊的建设，联系各相关管线部门，制定各管线单位的资金分摊比例，并将这部分建设资金集中起来。同时，政府通过划拨专项资金作为综合管廊建设的专项资金以补足综合管廊造价与各管线单位资金总和的差额部分，从而通过政府、各管线单位共同投资的方式解决综合管廊建设的资金来源。

"政府与管线单位联合出资"模式目前为国外综合管廊建设所普遍采用，是一种较为成熟的建设投融资模式。

从综合管廊建设投资特点看，其投资额较大，建设周期长，回收见效较慢，如果单纯依靠政府拨款全额出资建设就可能加重政府财政负担，甚至导致推迟建设，从而影响城市基础设施的建设。"政府与管线单位联合出资"的建设模式下，政府和各管线单位分担了综合管廊的建设资金，从而大大减少了政府出资额，减轻了政府的财政负担。尤其是当政府财力不足时，这种企业与政府部门联合出资建设的方式较为适用。

从综合管廊建成后的运营风险看，由于以企业作为投资主体参与了综合管廊的投资建设，采用了企业和政府联合出资的方式，故不存在管廊建成后的租赁风险问题，保证了综合管廊的使用效率。

"政府与管线单位联合出资"模式使大额建设资金得到各方分担，有利于资金的筹集，但在实际操作时也存在一定问题。

（1）加重各管线部门的财务负担，贷款难度大。

"企业出资、政府补足"的融资模式下，要求各管线单位投入建设资金。尤其是按"传统体积值法"制定各方分摊比例时，要求各管线部门投入较大数额的建设资金，这可能增加管线单位的负担，容易使企业产生抵触情绪。

由于各管线单位出资额度大，在实际出资时通常要部分依靠银行贷款的支持。但由于联合投资模式中，各管线部门仅取得综合管廊的使用权，而并未取得所有权，故难以通过项目质押贷款。若仅仅依靠自有资金则很可能难以负担所要求的出资比例，这就造成了各管线单位的出资困难。

如果考虑采用以项目公司名义贷款，各投资方以其出资额承担有限责任，则由于项目没有现金流入量，只能以综合管廊项目资产进行抵押，这就使综合管廊项目风险大大增加，一旦管线单位无力还款，就会严重影响综合管廊的正常运营。

（2）综合管廊建设资金分摊比例的制定难度较大。

很难找到各企业共同认可的分摊模式，协调难度大。"推定投资额"模式和"传统体积值法"两种制定投资分摊比例的方法虽然在理论上解决了资金分摊比例的问题，但在实际执行过程中仍然困难重重。同时，政府还需防止企业直接将负担转嫁给广大用户，引起社会不良反响。

（3）产权界限模糊。

虽然一般认为管廊建成后所有权应归政府所有，但在缺乏相关法规明确界定的情况下，"政府与管线单位联合出资"的融资模式容易造成产权界限的模糊，这也将对综合管廊建设投资的多元化造成一定影响。

（4）要求完善的配套法规。

"政府与管线单位联合出资"模式对法律环境要求较高。其建设资金分摊比例的制订，综合管廊建成后的所有权、使用权、管理权的归属问题等均需要完善的法律法规加以界定。日本和中国台湾地区等在综合管廊建设中采用联合出资模式的国家和地区均建立了与之配套的法律法规体系。而在我国大陆地区，目前综合管廊建设尚未建立相关配套法规，因此，采用该模式的难度较大。

5.4 市场化融资

"企业直接出资、政府后期回购"建设模式主要是指引入能够承担重大基础设施开发的社会资本运作综合管廊投资建设。其中，引进的社会资本应优先考虑可提供勘察、设计、施工、监理等全产业链综合服务的大型央企，对综合管廊建设项目的设计、采购、施工、试运行等实行全过程或若干阶段的承包。

在该种模式下，综合管廊的初始投资建设资金主要由企业自身资金和通过市场化投融资获得的资金组成。

市场化投融资又称为商业化投融资，是指企业以赢利为目的，以企业信用或项目收益为基础，以商业贷款、发行债券股票等商业化融资为手段筹集资金并加以运用的金融活动。非国有独资的公司制企业是市场化投融资的主体，自主进行投融资活动，独自承担相应的责任。

市场化投融资主体的融资又分为企业信用融资和项目融资。企业信用融资是以企业信用为基础进行的各种融资活动；项目融资是以合资成立的股份制项目公司为主体，在政府的支持下，以项目本身收益为基础进行的商业融资活动。主要融资渠道有：①私募股权、发行股票等股权融资；②依托企业信用发行企业债券；③国内商业银行的商业性贷款；④项目融资，包括 BOT、BOOT、BOO 等；⑤留存收益（利润）等内源融资。

市场化投融资模式的核心在于：建设项目的投资、建设、运营分开，即存在多元化投融资主体，多方参与建设，多方参与运营，谁出资谁收益，是多元市场化的所有制经济在城市基础设施建设中的具体体现。

市场化投融资最大的优点是可以吸引更多的投资者参与项目建设，减轻对政府财政的依赖，实现投融资主体多元化。缺点主要有：①融资速度慢，融资量越大操作程序越复杂。②企业信用融资受企业信用程度所限，融资能力不确定；由于企业投资建设综合管廊后不能获得管廊的所有权，因此，政府需要与企业签订类似于特许授权协议的合同，对企业投资建设综合管廊的收益权进行承诺，然后企业将收益权作为综合管廊项目公司向银团融资的担保，以此获得银团贷款；③可靠性相对较差，操作环节多，任何一个环节出现问题，都会导致整个融资计划失败。

在综合管廊建成后，政府依据与企业签订的回购合同进行回购，回购的资金来源主要以综合管廊专项基金为主，政府拨付的财政资金作为补充。回购完成后，政府通过公开招标的方式委托专业公司负责综合管廊的维护管理工作，专业公司向管线单位提供服务，同时政府专门负责综合管廊管理的部门向管线单位收取运营管理费用，所收取的运营管理费作为管廊专项基金还款的一部分，如图5-3所示。

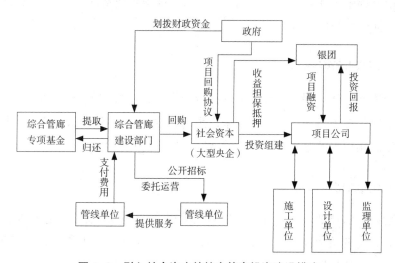

图5-3 引入社会资本的综合管廊投资建设模式

"企业先行出资、政府后期回购"建设模式主要优点在于引入的社会资本可以以"投资设计施工"一体化模式进行综合管廊建设，有效避免了传统建设项目的勘察、设计、采购、施工各主要环节之间分割与脱节、建设周期长、效率低、投资效益差等缺点。

减少了政府的协调工作与管控对象。同时，可以带给项目承包方以优化设计方案和加强施工技术创新的动力，也为投资方降低成本、增收节支提供了利润空间。

同时,"企业先行出资、政府后期回购"建设模式符合将项目风险合理分配的内在要求。要使一个投融资结构有效运作,最关键的是合理的风险分配,合理的风险分配的主要原则包括:由最有能力控制风险的一方承担风险,由最有能力承担风险的一方承担风险。具体到综合管廊的投资建设,主要由政府导致或政府可控的风险包括:政治风险、规划变更风险、政策风险、权属缺少法律确认的风险等。只有政府才有能力承担的风险主要有互联互通风险,这些风险只能由政府承担。

5.4.1 政府对项目失去控制

综合管廊是城市基础设施的走廊,构成了城市的生命线工程系统,直接关系到城市功能和城市发展,属于重要公共设施项目。因此,保证政府对项目的控制力至关重要。"企业先行出资、政府后期回购"模式下,社会资本是设计、建造、运营的主要承担者,政府部门对项目的控制主要体现在其与社会资本的一揽子特许权转让合约中。如果合约不全面、不完善,就很可能造成政府对综合管廊项目短期或长期失去控制的局面。

5.4.2 公共利益可能受到损害

社会资本关注于保证提高项目的投资回报率,这可能与公共利益矛盾。如果社会资本感到在项目中没有达到原来设想的收益率,其运作积极性必然大打折扣,从而直接影响项目的服务水平和经营效率,损害公共利益。

5.4.3 相关法规尚未完善

目前我国法律法规不够完善,以及缺乏相关的发展政策、实施规划和具体程序。在缺乏配套法律环境和技术支持的条件下,"企业先行出资、政府后期回购"模式的操作就比较困难。

5.5 投资方式

5.5.1 政府直接投资

政府直接投资是城市地下空间开发项目的传统方式,有以下特点:

(1)政府直接投资不是从投资项目本身的直接利益出发,而主要注重具有社会效益、非盈利的公益性项目,以利于满足社会整体利益。

（2）政府直接投资的资金一般来源于税收，获取资金的审批程序较复杂。

在城市地下空间开发中，有一些项目不能产生良好的经济效益，但是能产生显著的社会效益，对提升整个城市的品位和方便广大群众的日常生活大有好处。通过政府的投资，不仅能改善社会环境，更重要的是能够起到引资的作用，如地下广场、地下通道以及早期的地铁项目，最具代表性的工程如北京地铁 1 号线、上海张扬路综合管廊。

5.5.2　政府与民间共同投资

对于具有明显的外部性、投资盈利较低或风险较大的项目，可以采取政府与民间共同投资的方式，政府投资起着引导民间投资的作用。比如，可以采取投资参股、无偿捐赠、提供优惠借款、提供借款担保、无偿或低价提供土地使用权和减免税收等方式建设地铁、地下高速公路等基础设施。同时，这类基础设施的收费，可以完全由市场供求关系和竞争状况决定。

5.5.3　政府管制下的民间投资

地下街、地下商场等商业性质较强的项目，可以完全由民间投资，政府不予直接投资和资助，收费标准也由市场供求关系和竞争状况决定。这种模式充分发挥了市场的作用，以市场为导向。民间投资的资金来源可以全部来自自有资金，也可以由自有资金及银行贷款组成。

5.6　主要融资方式

5.6.1　财政渠道

在地下空间的开发建设中，财政投资也是资金来源的一个不可缺少的途径，因为财政投资有以下特殊性和优点：

（1）地下空间开发中的纯公共物品类必须靠政府提供。

（2）我国的财政收入已经形成了以税收为主的收入结构，这将有力保证财证投资资金来源的稳定性。

（3）财政投资可以通过补贴形式，运用"四两拨千斤"的巧劲，引导其他投资。

由于受财政实力的限制，今后财政投资在基础设施等投资中的比重将不断降低。固定资产投资项目可分为基础设施项目、公益性项目和竞争性项目三大类，政府投资的重点将放在建设周期长、投资量大的基础设施项目和非盈利或低盈利的社会公益性项目上。对回报率相对较高的公共基础设施项目、公益性项目，实行企业化运作，依靠社会资金，政府不再直接投资。

5.6.2 银行贷款

银行贷款是银行按一定的利率，在一定的期限内，把货币资金提供给需要者的一种经营活动。地下空间开发建设的投资者在资金短缺的情况下可以通过银行贷款的方式来筹得资金，并且可以获得杠杆效应。

5.6.3 项目融资

城市地下空间开发的融资与一般企业的融资行为不同。城市地下空间开发的融资以项目为出发点，并以项目为导向，资金提供者关心的是项目本身的经济强度、战略地位，资金需求量比一般企业融资更大、更集中，并要求更长的占用周期。二者的融资主体不同、融资方式不同，因此它们的资金构成不同，而不同来源的资金，成本和风险也不同。应根据城市特点和对地下空间开发的适合度，具体分析不同的地下工程项目，从而确定最佳的融资结构。

对于一些政府重点建设城市地下空间项目可以实行项目法人制，组建项目公司，由项目公司进行市场化融资，如南京地铁公司、上海地铁公司等。到 2012 年，上海将建成运营长度超过 500km 的轨道交通基本网络，建设投资总规模约 2000 亿元。为了搞好市场化融资，上海成立了上海申通地铁股份有限公司，赋予法人主体地位，负责项目的建设管理。项目融资是以项目公司为融资主体，以项目未来收益和资产为融资基础，由项目的参与各方分担风险的具有有限追索权性质的特定融资方式。项目融资的主要形式有 BOT 项目融资、TOT 项目融资、PPP 项目融资等。

5.7 地下综合管廊 PPP 项目建设的相关重要政策要点

5.7.1 地下综合管廊 PPP 项目的期限限制

《基础设施和公用事业特许经营管理办法》第六条 基础设施和公用事业特许经营期限应当根据行业特点、所提供公共产品或服务需求、项目生命周期、投资回收期等综合因素确定，最长不超过 30 年。对于投资规模大、回报周期长的基础设施和公用事业特许经营项目（以下简称"特许经营项目"）可以由政府或者其授权部门与特许经营者根据项目实际情况，约定超过前款规定的特许经营期限。

5.7.2 地下综合管廊 PPP 项目特许经营方式

《基础设施和公用事业特许经营管理办法》第五条 基础设施和公用事业特许经营可以采取以下方式：

（1）在一定期限内，政府授予特许经营者投资新建或改扩建、运营基础设施和公用事业，期限届满移交政府；

（2）在一定期限内，政府授予特许经营者投资新建或改扩建、拥有并运营基础设施和公用事业，期限届满移交政府；

（3）特许经营者投资新建或改扩建基础设施和公用事业并移交政府后，由政府授予其在一定期限内运营；

（4）国家规定的其他方式。

5.7.3 地下综合管廊 PPP 项目的中央财政支持

《关于开展中央财政支持地下综合管廊试点工作的通知》（财建〔2014〕839 号）（以下简称《通知》）第一条 中央财政对地下综合管廊试点城市给予专项资金补助，一审三年，具体补助数额按城市规模分档确定，直辖市每年 5 亿元，省会城市每年 4 亿元，其他城市每年 3 亿元。对采用 PPP 模式达到一定比例的，将按上述补助基数奖励 10%。

5.7.4 中央对地下综合管廊 PPP 项目建设要求

《通知》第二条 试点城市由省级财政、住房城乡建设部门联合申报。试点城市应在城市重点区域建设地下综合管廊，将供水、热力、电力、通信、广播电视、燃气、排水等管线集中铺设，统一规划、设计、施工和维护，解决"马路拉链"问题，促进城市空间集约化利用。试点城市管廊建设应统筹考虑新区建设和旧城区改造，建设里程应达到规划开发、改造片区道路的一定比例，至少 3 类管线入廊。

5.7.5 地下综合管廊 PPP 项目融资支持政策

《城市地下综合管廊建设专项债券发行指引》，鼓励各类企业发行企业债券、项目收益债券、可续期债券等专项债券，募集资金用于城市地下综合管廊建设。国务院办公厅印发《关于推进城市地下综合管廊建设的指导意见》（国办发〔2015〕61号）（以下简称《意见》）第五条第（十三）项规定：完善融资支持。将地下综合管廊建设作为国家重点支持的民生工程，充分发挥开发性金融作用，鼓励相关金融机构积极加大对地下综合管廊建设的信贷支持力度。鼓励银行业金融机构在风险可控、商业可持续的前提下，为地下综合管廊项目提供中长期信贷支持，积极开展特许经营权、收费权和购买服务协议预期收益等担保创新类贷款业务，加大对地下综合管廊项目的支持力度。将地下综合管廊建设列入专项金融债支持范围予以长期投资。支持符合条件的地下综合管廊建设运营企业发行企业债券和项目收益票据，专项用于地下综合管廊建设项目。

5.7.6 地下综合管廊 PPP 项目营运的收入来源

《意见》第四条第（十）项规定：实行有偿使用。入廊管线单位应向地下综合管廊建设运营单位交纳入廊费和日常维护费，具体收费标准要统筹考虑建设和运营、成本和收益的关系，由地下综合管廊建设运营单位与入廊管线单位根据市场化原则共同协商确定。入廊费主要根据地下综合管廊本体及附属设施建设成本，以及各入廊管线单独敷设和更新改造成本确定。

日常维护费主要根据地下综合管廊本体及附属设施维修、更新等维护成本，以及管线占用地下综合管廊空间比例、对附属设施使用强度等因素合理确定。公益性文化企业的有线电视网入廊，有关收费标准可适当给予优惠。由发展改革委会同住房城乡建设部制订指导意见，引导规范供需双方协商确定地下综合管廊收费标准，形成合理的收费机制。在地下综合管廊运营初期不能通过收费弥补成本的，地方人民政府视情给予必要的财政补贴。因此，地下综合管廊项目属于使用者付费及政府提供可行性缺口补贴的准经营性项目。

5.8 地下综合管廊 PPP 模式的选择

5.8.1 BOT 模式（建设 - 运营 - 移交）

在 BOT 模式下，政府与社会投资人签订 BOT 协议，由社会投资人设立项目公司具体负责地下综合管廊的设计、投资、建设、运营，并在运营期满后将管廊无偿移交给政府或政府指定机构。运营期内，政府授予项目公司特许经营权，项目公司在特许经营期内向管线单位收取租赁费用,并由政府每年度根据项目的实际运营情况进行核定并通过财政补贴、股本投入、优惠贷款和其他优惠政策的形式,给予项目公司可行性缺口补助。

其中,项目公司向管线单位收取的租赁费用可以包括两方面:一是管廊的空间租赁费用,如电力单位等管线铺设专业性要求较高的,可以租用管廊的空间,自行铺设和管理管线;二是管线的租赁费用,如供水、供热等单位可直接租用管廊内已经铺设好的管线进行使用,由项目公司进行维护和管理。具体模式如图 5-4 所示。

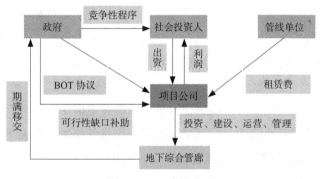

图 5-4　BOT 模式图

5.8.2　TOT 模式（转让 - 营运 - 移交）

对于政府现有的存量项目,可以采用 TOT 模式进行运作。在 TOT 模式下,政府将项目有偿转让于项目公司,并授予项目公司一定期限的特许经营权,特许期内项目公司向管线单位收取租赁费,并由政府提供可行性缺口补助,特许期满项目公司再将管廊移交于政府或政府指定机构。

5.8.3　BOO 模式（建设 - 拥有 - 运营）

在 BOO 模式下,政府与社会投资人签订 BOO 协议,由社会投资人设立项目公司具体负责地下综合管廊的设计、投资、建设、运营,政府同时授予项目公司特许经营权,项目公司在特许经营期内向管线单位收取租赁费用,并由政府向其提供可行性缺口补助。特许期满后地下综合管廊的产权属于项目公司所有,项目公司可以通过法定程序再次获得特许经营权,或将管廊出租于其他竞得特许经营权的经营者。

5.9 案例

5.9.1 深圳前海合作区综合管廊建设情况

前海合作区综合管廊建设于 2012 年 7 月正式启动，规划总长度 8.15km，相当于前海每平方公里拥有约 544m 长的综合管廊。项目由前海管理局投资建设，目前已建成的管廊单位造价达每 km8000 万元，项目资金来源于上级政府返还的部分土地出让收益，该部分土地出让收益规定只能用于市政基础设施建设。综合管廊建成后，移交至前海管理局下属公共事业中心，该中心还同时承担了前海合作区内其他市政基础设施的运营任务。

前海管理局具有"政企合一"的性质，一方面需要承担相应的行政管理和公共服务职能，另一方面又通过下属企业，进行具体开发经营，并可以拥有部分土地和物业。因此，前海管理局可以投资者、建设者、运营者的身份全过程主导综合管廊建设。

该种模式首先确保了综合管廊建设进度掌握在政府手中，有助于解决建设与管理脱节、缺乏统一协调性、缺乏系统性与一致性等难题，避免出现由于多方利益无法协调导致项目建设进度滞泄的问题。同时，前海管理局作为政府的代表，以企业运作的方式完全主导包括综合管廊在内的基础设施建设，可以确保政府能够获取持续性的土地增值收益，从而可以利用这些收益进一步完善地区基础设施，实现城市建设与运营的良性循环。最后，由于前海管理局不仅负责前海合作区土地开发及基础设施、公共服务设施建设、运营和管理，而且还拥有前海合作区内除金融类产业项目以外投资项目（含固定资产投资项目）的审批、核准、备案或者转报管理权利，这就可以在一定程度上对进入前海合作区的管线单位进行约束，有利于在管廊建成运行后管线入廊费收取和运营维护费用分摊标准的实施。

然而，"政府直接出资"模式在前海取得相对成功有其自身条件优势，主要包括前海管理局的土地开发主体土地政策的创新，以及前海合作区巨大的土地开发收益保障。在国内其他地区，采用"政府直接出资"模式时政府需要承担项目从建设至运营全过程全寿命周期内的所有风险，包括不适宜其承担的融资风险、经营风险等，这不符合项目风险分担中"风险承担与控制力相匹配"原则，即将风险分摊至最有能力控制的某方承担。

同时，由于综合管廊牵涉多行业、多部门，又没有相关机构对管线单位行为进行约束，仅仅通过行政协调的方式很难达成各方满意的共识。由于部分垄断行业垂直管理的特点，以国有公司作为综合管廊运营管理主体与管线单位直接对话时缺乏对管线单位的约束力，向管线单位收取管廊运营管理费难度很大。

5.9.2　欧洲地区综合管廊建设情况

欧洲是最早开始利用城市地下空间的地区，早在19世纪法国、英国、德国等国家就开始兴建综合管廊，最初兴建的是以排放雨水和污水为主的重力流管线系统，管网纵横，排污口、蓄水池众多；后来，通过在管网内部铺设供水管、煤气管、通信电缆、光缆等，最终形成了今日的综合管廊。迄今，欧洲很多城市已形成较为完善的综合管廊网络，共建成综合管廊里程逾600km，为改善城市环境和有效利用城市地下空间发挥了重要作用。

综合管廊能够在欧洲国家大规模兴建并形成网络，政府完全主导项目投资建设及后期运营管理是其中关键因素。欧洲城市政府财政能力良好，有能力应对综合管廊建设一次性投入的巨额资金对政府财政造成的"脉冲"效应。政府出资开展综合管廊建设，建成以后产权归政府所有，避免管线单位与政府之间关于管廊所有权归属的纠纷。

综合管廊的运营管理通过向管线单位出租管廊空间的形式开展，通过收取租金实现投资的部分回收及运行管理费用筹措，但没有制定固定的收费标准，而是由管廊所在地议会每年通过听证确定，根据管廊的实际运营情况进行调整。这种运营管理模式的运行前提是将综合管廊定性为公共产品，由社会大众的整体意愿定义产品价格，基本符合社会公共利益需求。

然而，该种模式必须有较完善的法律体系进行保障，政府可以通过法律程序和具有法律效应的行政约束力来制约管线单位在建有综合管廊的区域必须入廊，为管廊后期健康有效运营提供了保障。

地下综合管廊最早见于法国，1833年为了改善城市的环境，巴黎就系统地在城市道路下建设了规模宏大的下水道网络，同时开始兴建地下综合管廊，最大断面达到宽约6.0m，高约5.0m，容纳给水管道、通信管道、压缩空气管道及交通通信电缆等公用设施，形成世界上最早的地下综合管廊（图5-5）。

作为一个有1200万人口的大都市，巴黎拥有一个大约1300名维护人员的高效运转的地下管网系统。这个始建于19世纪的以排放雨水和污水为主的重力流管线系统，因其系统设计巧妙而被誉为现代下水道系统的鼻祖。巴黎的下水道总长为2484km，拥有约3万个井盖、6000多个地下蓄水池，每天有超过1.5万 m³

的城市污水通过这个庞大的系统排出城市。而且还通过在管网内部铺设供水管、煤气管、通信电缆、光缆等管线，进一步提高了管网的利用效能。

设计师在设计之初就在管廊里同时修建了两条相互分离的水道，分别集纳雨水和城市污水，使得这个管廊从一开始就拥有排污和泄洪两个用途。如今，这些管廊已经不仅是下水道，巴黎人的饮用水系统、日常清洗街道及城市灌溉系统、调节建筑温度的冰水系统以及通信管线也从这里通向千家万户，综合管廊的建设大大减少了施工挖开马路的次数。而电网、煤气管道、供暖系统出于安全考虑也未并入下水道管廊系统中。

这些巨大的管廊为巴黎防洪提供了管道。据了解，雨水管道在最初的时候就把远离塞纳河的地区设计得更高一些，靠近塞纳河的地区位置低，利用地形优势向塞纳河方向排水泄洪。为此，巴黎市下水道中设计了一些紧急泄洪闸门，一旦巴黎发生大暴雨，安全阀门将打开，保证雨水直接顺利排入塞纳河。而如果遇到塞纳河涨水，管理人员会关闭下水道系统与塞纳河的连接口，以防止河水倒灌入城。巴黎市北部还设有一个 16.5 万 m^3 的泄洪池，以应不时之需。自 1910 年以来，巴黎几乎再没有出现过因暴雨造成城市内涝的情况。

这样的一套系统需要专人专业维护，巴黎下水道管廊管理的首要目的是保证排水通畅。据工作人员介绍，每年有 $6000m^3$ 的淤泥会沉积在巴黎市的下水道中，排污主要依靠一套水压物理系统，如果泥沙淤积过多，原本紧闭的球形阀门会被打开，另外一侧的水会猛烈冲击淤泥，卷走沉积物，达到清理效果。

如今，下水道管理部门也建立了一套数字化系统，利用信息工具监控各管道情况，收集反馈数据，以改善下水道管廊系统服务。下雨时，安装在主要下水管道中的传感器会持续检测水位。如果水位过高，过剩的水流就会通过水泵分流到水位较低的管道中去。如果所有管道的水位都过高，过剩的水流就会汇集到分布在城区的大型地下蓄水池。水退以后，积蓄的水会再排放到下水管道中。一旦整个系统过载，安全系统将立即发挥作用，直达塞纳河的排水管道在水流的作用下会自动开启安全门，让过剩的水流直接排往塞纳河。

巴黎这个"古董级"的下水道系统也遇到了自己的问题。由于修建年代久

图 5-5 巴黎综合管廊

远，下水道系统面临地面沉降、污水腐蚀等问题，一些管廊出现了裂缝。目前对下水道进行现代化改造成了巴黎市政府的新任务。

5.9.3 保山市中心城区综合管廊建设情况

保山中心城区地下综合管廊全长约 34.88km，规划总投资约 12.6 亿元。在推进综合管廊建设实践中，为解决综合管廊巨额建设资金的来源问题，保山市政府通过组建管网公司，由国有城投公司控股 51%，电力公司参股 29% 和区级城投公司参股 20% 共同注资成立，作为保山市综合管廊建设、运营管理主体。管网公司通过出让、出租管线通道使用权以及收取管理费的方式逐步回收贷款资金，管廊使用权的价格综合考虑各管线单位占用管廊空间的大小、管线单位的经济效益和可承受能力等因素来确定。管廊箱体的日常管理由管网公司负责。

保山市能够在全国各地建设综合管廊热潮中脱颖而出，最主要的是破解了管廊建设资金来源单一和管线单位协调难的问题。

首先是建立了具有相当资产的管网公司作为综合管廊建设、运营管理的主体，通过将城市供水水库、污水处理厂及中心城市的雨污管网等资产逐步划转至新组建的管网公司委托经营，建设主体的融资渠道与能力得到增强，稳定社会资本投资综合管廊的信心，进一步拓宽建设资金来源。其次，电力公司参股组建管网公司，保证了电力管线的入廊率。同时，由于管网公司拥有供水水库及给水排水管网等资产，可以有效约束水务企业的行为。

然而，保山综合管廊项目能够成功运用"政府和管线单位联合出资"模式进行建设运营管理，其中重要的因素在于参股建立管网公司的电力公司是市属企业，地方政府可以通过行政手段对其进行一定的约束，从而保证综合管廊的使用效率。同时，在该模式下，综合管廊权属问题依旧没有解决，管线单位对只能获得管廊的使用权而不是所有权存在很大抵触情绪，管线单位参与综合管廊的运营管理意愿消极，未来管廊管理费用的收取依旧存在变数。

5.9.4 日本综合管廊建设情况

1923 年关东大地震之后，日本政府针对地震导致的管线大面积破坏，从防灾角度在东京都复兴计划中规划建设综合管廊。1955 年后，由于汽车量快速增长，为避免经常开挖道路影响交通，于 1963 年颁布了《关于建设共同沟的特别措施法》，规定综合管廊作为道路合法附属物，并以法律的形式制定了费用分摊办法。

目前已建干线管廊约 560km，计划建设约 40km。

日本综合管廊作为道路附属设施，其建设费用主要由政府承担，管线单位按照管线传统直埋费用出资，且管线单位可获得政策性贷款以分担支付建设费用的压力。综合管廊建成后，管线单位只负责维护管理管线本身，管廊主体由道路管理者负责，在中央建设省下设 16 个"共同管道科"，专门负责综合管廊管理。政府分担一半以上的管理维护费用，其余部分由管线单位分摊，管线单位分摊费用比例以传统直埋铺设成本为基准，如图 5-6 所示。

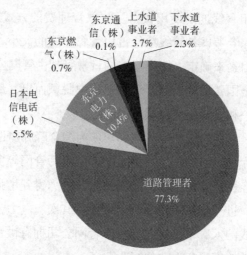

图 5-6　日本高崎站西口线综合管廊建设费用承担比例

日本综合管廊的费用分摊办法能够在实际当中发挥作用，其关键在于相比较以传统方式直埋铺设管线，管线进入管廊后管线单位支出的费用并没有增加，管线单位相当于"无偿"享受综合管廊产生的效益。而且，由于日本几乎所有的市政管线都设置在道路下面，管线单位以直埋方式铺设管线时需要缴纳道路使用费，因此管线入廊可以节省这笔费用支出。同时，政府已经建立了一套完善的道路和地下空间法律体系，对于管线单位不进入管廊以及道路开挖行为可以通过法律效力约束。

5.9.5　珠海横琴新区综合管廊项目建设情况

横琴新区综合管廊项目由中冶集团投资 20 亿元建设，管廊建设完成后，政府根据合同规定统一按照审计所确定的总投资成本及投资回报率回购，支付费用一并计入土地收储成本。回购之后移交至珠海大横琴投资有限公司作为固定资产。管廊的日常维护工作由一家专业设备管理公司负责，运营维护费用由珠海大横琴投资有限公司支付。

在传统的土地开发过程中，随着经济的迅猛发展，政府对基础设施建设投入力度的加大，在建设资金上难免出现短缺问题。通过引入社会资本来完成基础设施的建设，虽然本质上依旧是土地财政的一种变形，但可将大量的社会资金引入基础设施建设，在很大程度上能缓解政府的财政压力。同时，在传统的基础设施项目建设过程中，政府既负责资金的提供，又负责项目的建设、监督、管理、维护等职能，身兼多重角色，往往力不从心。而社会资本的进入，则是将项目建设职能从政府手中分离出来交由专业的企业投资者实施，一方面实现了建设管理的市场化、社会化、专业化，提高了建设效率；另一方面，政府可以从繁琐的事务管理中脱身而出，专心致力于对项目的宏观监督管理，从根本上改变了政府在基础设施项目建设中的职能。

横琴新区综合管廊是国内首家引入除管线单位之外的社会资本运作的管廊项目，建设进度和企业投资回报周期都超出了合作双方最初设想，取得了较好的实践效果。从横琴新区综合管廊案例中，可以得出一些在引入社会资本参与综合管廊工程建设时的借鉴。

一是建设综合管廊的区域的土地开发能够创造明显的土地增值收益。横琴新区由于建设地下综合管廊，总计节约土地40多万平方米，结合当前横琴的综合地价及城市容积率，由此产生的直接经济效益就超过80亿元，完全可以回购地下综合管廊的建设成本。

二是建设综合管廊区域的土地开发主体拥有能够确保开发建设不偏离规划既定目标的能力。横琴新区通过引进拥有强大的设计施工力量和可提供勘察、设计、施工、监理等全产业链综合服务的大型央企来主导综合管廊建设，有效避免了传统建设项目的勘察、设计。采购、施工各主要环节之间分割与脱节、建设周期长、效率低、投资效益差等缺点，减少了政府的协调工作与管控对象。同时，"投资－设计－施工"一体化模式带给项目承包方以优化设计方案和加强施工技术创新的动力，也为投资方降低成本、增收节支提供了利润空间。

第6章 费用分摊

费用分摊模式是影响各管线单位参与综合管廊项目意愿的主要因素，由于综合管廊建设资金庞大、运营周期长、不同类别的管线本质特性存在很大差异、各管线单位均要求最有利的分摊比例等因素，费用分摊模式不易得到普遍认可，研究一套兼具公平性及合理性的费用分摊模式对于综合管廊建设的不断推进尤为重要。

6.1 分摊原则

综合管廊费用应依据其费用类型的特性，评估政府的收益程度、管线单位的收益程度及各管线单位的使用特性予以合理分摊，费用分摊原则具体如下：

（1）综合管廊费用分摊者包括当地政府、参与综合管廊的所有管线单位。

（2）综合管廊费用分管廊主体设施建设费、附属设施建设费、主体设施维护管理费和附属设施维护管理费四项。

（3）各管线单位作为综合管廊的直接使用者和直接受益者，按照"使用者付费"原则承担费用，而且承担费用不宜超过各类管线直埋的内部成本。

（4）政府作为间接使用者同时也是主要受益者——社会大众的代表，按"受益者付费"原则负担综合管廊剩余部分费用。

（5）费用分摊模式应体现公平性、合理性，并为大部分管线单位接受。

（6）考虑各管线单位的财务负担能力各有不同，可依据实际状况调整费用支付年限，依据设定的利率水平逐年摊付其所承担的费用。

（7）保持费用分摊模式存在一定的弹性空间，依据一段周期内各管线所产生的实际维护管理成本适当调整各管线单位的费用分摊比例，实现费用分摊模式的持续运作。

根据以上分摊原则，确定综合管廊的费用分摊流程。

6.2　分摊办法

综合管廊是一种特殊的城市基础设施，它不属于水、电、气等公用事业中直接为社会提供产品和服务的基础设施，而是为这些不同类型的公用事业提供一种公共性和基础性服务的设施。综合管廊项目本身不是盈利性项目，其建设出发点是为社会大众带来更安全、更稳定的市政服务，其费用分摊模式的主要目的是将综合管廊的各项成本合理公平地分摊至项目各方，而不考虑综合管廊项目的盈利水平。因此，综合管廊的费用分摊标准可采用成本配置法制定。

成本配置法将综合管廊项目的各项成本予以分类，并逐一分析其特性，以此作为分摊标准的基础，然后依据费用分摊原则，将综合管廊费用合理、公平分配至项目各方。

成本配置法可分为比例法与增量法两大类。其中，比例法（包括平均分摊法和比例配置法等）依据特定的分摊因子将成本分摊至项目各方；增量法（包括增量配置法、修正增量配置法、边际成本剩余效益法、雪普利法及核心法等）则以综合管廊多收容某一管线导致后出现的规模差异作为成本分摊的依据，采用增量法会出现先入廊的管线承担费用远多于后入廊管线问题。因此，应采用比例法作为制定费用分摊标准的方法。

6.2.1　费用分摊因子

在采用比例法制定费用分摊标准时，必须定义其应用的特定分摊因子的意义，并从经济效益、公平合理性、简单易行、管线单位接受程度等多个方面讨论其公平合理性，确定可行的费用分摊因子。

1. 管线有效体积

管线进入管廊时，不同管线需要保持一定距离，以维护安全及方便操作，因此，管线有效面积包括管线本身截面积和安全距离。由于综合管廊受纳管线越多则管廊横截面积越大，最终导致成本上升，因此，可以以管线占用综合管廊的有效面积作为费用分摊因子。另外，对于管廊内部分公共空间的分摊是否由管理单位承担，或者由各管线单位按比例分摊，也需要加以探讨。同时，同一个综合管廊工程由于不同地段地形的限制以及不同管线在管廊的埋设长度的不同，引入管线在管廊内的使用长度概念，综合起来称为"使用体积"。

2. 管线经济效益或服务范围

以管线经济效益或服务范围作为费用分摊因子，即管线经济效益高者或服务范围大者应承担较高比例费用。然而，在以传统方式铺设管线时，经济效益高或者服务范围大的管线未必需要花费较高的建设和运营管理费用，且进入综合管廊对其经济效益提高或者服务范围扩大的影响不明显。因此，单以经济效益或者服务范围作为分摊因子并不合理。

3. 管线检查维修频率

各专业管线的定期检查频率不同，同时管线发生故障需要维修的概率也有高低，管线维修出入综合管廊会产生额外照明、通风等费用。因此，将各类管线检查维修频率作为附属设备费或维护管理费的分摊因子，可以体现费用分摊的公平性，有助于综合管廊公共设施的维护。

4. 传统铺设管线的挖掘频率

减少管线传统直埋方式下的道路挖掘次数，不仅可以提高道路使用寿命，减少道路同期内的重复建设次数，而且可以减少管线单位为道路挖掘及修复支出的费用，因此，可以传统铺设管线的挖掘频率作为一个分摊因子。

6.3 分摊模式

6.3.1 建设费用分摊模式

综合管廊建设费用分摊包括两部分：一部分由政府承担，政府承担的额度应根据综合管廊项目所在地政府的财政能力等情况确定；剩余部分由管线单位承担。因此，建设费用分摊方案的实质是确定各管线单位所承担的费用。

按照使用者付费原则，使用综合管廊截面面积越多的管线单位，理应负担较多的综合管廊费用，即各类管线按使用综合管廊的程度等比例分摊。但是若单以各类管线占用综合管廊的截面面积作为其分摊建设费用的基础，则无法反映综合管廊的使用特性，应包括管线维护管理的操作空间。因此，除计算管线本身占用面积外，有必要将操作空间一并考虑，合称为"使用面积"。同时，同一个综合管廊工程由于不同地段地形的限制以及不同管线在管廊的埋设长度的不同，引入管线在管廊内的使用长度概念，综合起来称为"使用体积"。

然而，若仅以各管线的使用体积来分摊综合管廊建设费用，而不将管线直埋成本考虑进去，则制定出来的分摊方案不一定能取得各管线单位的认同。例如，给水管由于管径较大，按照实际使用面积计算则分摊的费用将会远超电力等管线单位，但电力管线的传统直埋成本大于给水管线直埋成本。同时，从企业效益上分析，电力等管线给管线单位创造的直接效益远超相关水务企业。因此，单纯用各管线的使用体积来分摊综合管廊建设费用缺乏合理性和公平性，综合管廊费用分摊方案应将管线传统直埋成本考虑进去。

因此，在综合管廊的建设费用分摊方案设计过程中，引入权重概念，以调整按照使用体积分摊的费用与管廊直埋成本占比，权重系数的设置通过与各管线单位协调确定，最终目的是设计出让各家管线单位同意以有偿使用方式进入管廊的分摊方案。

6.3.2　运营管理费用分摊模式

综合管廊运营管理费用分摊同样包括两个部分，分别按照"受益者付费"原则由各管线单位和政府分别承担。但是，与建设费用分摊不同的是，运营管理费用分摊应先确定各管线单位分摊的费用，然后管线单位分摊总费用与实际发生的运营管理费用差额由政府承担。这是由于在管线直埋铺设的时候，管线的日常运营管理费用主要由管线单位承担，其最终承担者是向管线单位购买服务的社会大众；管线进入管廊后，管线单位依旧以收费的方式向社会大众出售相关服务。同时，综合管廊带来的社会效益、环境效益、城市景观效益等已经由政府承担综合管廊建设费用的方式支付。因此，综合管廊运营管理费用仍需主要由管线单位承担。

综合管廊的运营管理费主要包括管廊本体及附属设施正常运营成本、管廊运营单位正常管理费用、管廊运营单位合理经营利润、各种管线的维护抢险费用等。

进入综合管廊的各类管线对附属设施的使用强度各有不同。干线综合管廊中敷设的电力电缆一般为输电线路，电压等级高，需要单舱设置，这就需要单独为电力舱配备自动灭火装置。综合管廊的通风主要是保障综合管廊内部空气的质量，以自然通风为主、机械通风为辅，但是由于天然气管道舱和含有污水管道的舱室存在可燃气体泄漏的可能，需及时快速将泄漏气体排出，因此，需要采用机械强制通风方式。天然气泄漏将会给综合管廊带来严重的安全隐患，所以管廊中含天然气管道舱室应配置监控与报警系统，并保证能够持续地进行环境检测、数据处理及控制工作。

出于对管廊、管线及进入管廊的人员安全考虑，部分管线需以单舱的形式设置，如高压电力电缆、天然气管道等，这就导致管廊运营单位需要投入更多的人次对各舱进行巡检排查，运营管理成本上升。同时，各专业管线的定期检查频率不同，同时管线发生故障需要维修的概率也有高低，管线维修出入综合管廊会产生额外照明、通风等费用。因此，各类管线维修检查频率、管廊巡检次数（以巡检人员人次计算，非单舱管廊中各管线所需巡检次数由舱内各管线平均承担）也应作为运营管理费用的分摊因子予以考虑。

与综合管廊建设费用分摊方案设计不同，运营管理费用分摊并不将各管线的使用体积作为分摊因子，管廊的运营管理成本与管线使用体积之间不存在必然关系，而是和管线的使用长度有一定关系，主要体现为管线使用长度越长，所需要的管廊巡检人次越多。

综上，各管线所需分摊的运营管理费用如式（6-1）所示。

$$Q_i = (X+Y+Z) \times (1+r) \times [U_i \times p + S_i \times Y + D \times (i-p-y)] \qquad (6\text{-}1)$$

式中：X——综合管廊本体及附属设施年度运行维护更新改造费用；

    Y——综合管廊运营单位年度管理支出费用；

    Z——各种管线的维护抢险费用；

    R——综合管廊运营单位合理经营利润合理回报（原则上参考当地市政公用行业平均利润率确定）；

    U_i——第 i 类管线对管廊附属设施的使用强度比例；

    S_i——各类管线维修检查频率比例；

    D——各管线所占用的管廊巡检次数比例；

    y——权重系数，调节管线占用管廊空间与管线对附属设施使用强度的权重占比。

6.4 建设费用分析

6.4.1 指标测算分析

根据施工工艺不同，综合管廊本体结构分为现浇及预制两种，现进行指标分析如下。

1. 现浇工艺

（1）本体结构指标分析

结合钢筋混凝土结构、支架及防水处理方式，根据《2015 年城市综合管廊工程投资估算指标（试行）》及《2015 山东省市政工程消耗量定额》等定额进行分析，可得到表 6-1 的结果。

现浇结构管廊综合指标 　　　　　　　　　　　　　　　　表 6-1

编号	舱数	钢筋混凝土结构部分	支架	防水方式		
				卷材防水	水泥砂浆防水	涂料防水
1	单舱	10400 元 /m	1700 元 /m	1300 元 /m	900 元 /m	2500 元 /m
2	双舱	17700 元 /m	3100 元 /m	2000 元 /m	1400 元 /m	3800 元 /m

即本体结构综合指标为：

单舱：13000 ～ 14600 元 /m；

双舱：22200 ～ 24600 元 /m。

（2）基础处理指标分析

基础处理指标分析结果见表 6-2。

综合管廊沟槽基础处理综合指标 　　　　　　　　　　表 6-2

编号	舱数	规格	基础处理方式		
			砂石桩法	换填垫层法	强夯法
1	单舱	3m×3m	1700 元 /m	1600 元 /m	1800 元 /m
2	双舱	（2.7m+3.45m）×3m	2500 元 /m	2400 元 /m	3200 元 /m

即综合管廊沟槽基础处理综合指标为：

单舱：1600 ～ 1800 元 /m；

双舱：2400 ～ 3200 元 /m。

（3）沟槽支护指标分析

根据《2015 年城市综合管廊工程投资估算指标（试行）》及《2002 山东省市政工程消耗量定额》等定额分析及实际市场询价，得出：综合管廊沟槽支护综合指标：2800 ～ 5400 元 /m。

（4）设备安装指标分析

本部分分析内容为各类设备，主要包括照明、监控、消防等。单舱暂按 4500 元 /m，双舱暂按 6000 元 /m。

根据以上分析，结合本体结构、基础处理、基坑支护、设备安装四个部分的综合指标，得出表 6-3 所示结果。

现浇结构管廊综合指标（单位：元 /m）　　　　　　　表 6-3

编号	舱数	本体结构	基础处理	沟槽支护	设备安装	综合指标
1	单舱	13000 ~ 14600	1600 ~ 1800	2800 ~ 5400	4500	17500 ~ 26300
2	双舱	22200 ~ 24600	2400 ~ 3200	2800 ~ 5400	6000	28200 ~ 39200

2. 预制工艺

（1）本体结构指标分析

综合本体结构及防水处理方式，根据《2015 年城市综合管廊工程投资估算指标（试行）》及预制厂家询价，得出表 6-4 所示结果。

综合管廊本体结构综合指标　　　　　　　　　　　　表 6-4

编号	舱数	规格	钢筋混凝土结构部分	支架
1	单舱	3m×3m	10500 ~ 11400 元 /m	1700 元 /m
2	双舱	（2.7m+3.45m）×3m	20600 ~ 21900 元 /m	3100 元 /m

即本体结构综合指标为：

单舱：12200 ~ 13100 元 /m；

双舱：23700 ~ 25000 元 /m。

（2）基础处理指标分析

基础处理指标分析结果见表 6-5。

基础处理指标　　　　　　　　　　　　　　　　　　表 6-5

编号	舱数	规格	基础处理方式		
			砂石桩法	换填垫层法	强夯法
1	单舱	3m×3m	1400 元 /m	1400 元 /m	1800 元 /m
2	双舱	（2.7m+3.45m）×3m	2300 元 /m	2200 元 /m	3200 元 /m

即综合管廊沟槽基础处理综合指标为：

单舱：1400 ~ 1800 元 /m；

双舱：2200 ~ 3200 元 /m。

（3）沟槽支护指标分析

同现浇结构，即：2800 ～ 5400 元 /m。

（4）设备安装指标分析

本部分分析内容为各类设备，主要包括照明、监控、消防等。单舱暂按4500 元 /m，双舱暂按 6000 元 /m。

根据以上分析，结合本体结构、基础处理、基坑支护、设备安装四个部分的综合指标，得出表 6-6、表 6-7 所示结果。

预制结构管廊综合指标（单位：元 /m）

表 6-6

编号	舱数	本体结构	基础处理	沟槽支护	设备安装	综合指标
1	单舱	12200 ～ 13100	1400 ～ 1800	2800 ～ 5400	4500	16700 ～ 24800
2	双舱	23700 ～ 25000	2200 ～ 3200	2800 ～ 5400	6000	29700 ～ 39600

现浇、预制结构综合指标对比

表 6-7

编号	舱数	现浇指标	预制指标
1	单舱	17500 ～ 26300 元 /m 或者 5834 ～ 8767 元 /m²	16700 ～ 24800 元 /m 或者 5567 ～ 8267 元 /m²
2	双舱	28200 ～ 39200 元 /m 或者 4586 ～ 6374 元 /m²	29700 ～ 39600 元 /m 或者 4829 ～ 6440 元 /m²

通过以上分析得知，本体结构采用现浇和预制两种方式的建设投资相差不大，实际施工中可以结合现场情况，选用适合的施工方式。

6.4.2 综合管廊与管道直埋建设投资对比

1. 建设费用对比

通过以上分析，进行现浇管廊、预制管廊及管道直埋建设费用的对比，结果见表 6-8。

现浇、预制管廊及直埋指标对比

表 6-8

编号	舱数	现浇指标	预制指标	直埋指标
1	单舱	17500 ～ 26300 元 /m 或 5834 ～ 8767 元 /m²	16700 ～ 24800 元 /m 或 5567 ～ 8267 元 /m²	5020 元 /m
2	双舱	28200 ～ 39200 元 /m 或 4586 ～ 6374 元 /m²	29700 ～ 39600 元 /m 或 4829 ～ 6440 元 /m²	6420 元 /m

2. 管线入廊费用

管线单位需缴纳的入廊费计算方式如下：

方案一：综合管廊建设土建安装全部费用由各专业按所占综合管廊的截面比例分摊。

方案二：各专业管线单位只根据管线直埋的成本核算，缴纳直埋土石方工程费和二次开挖费用。其中，对于中水、电力、通信三种管线，根据普遍工程施工经验，考虑运行期内至少一次扩建或翻建，将二次开挖引起的工程增加费用均摊入工程费用中，作为入廊费的一部分核算。

方案三：综合管廊建设土建安装全部费用的 50% 由各专业按所占综合管廊的截面比例分摊，其余 50% 由政府承担。

目前国内缺乏相关管线入廊费用收取的额定标准，上述三个方案仅为简单介绍。

3. 运营管理成本

根据青岛高新区管廊运营公司城维公司的统计，综合管廊日常维护费用（小修、小补等日常维护）（即经营成本）约为 260 ~ 300 元 /（年·m），大中修按折旧计提。

6.5 财务处理

由于地下综合管廊的产权属于当地政府所有，在合作期内，项目设施的使用权归项目公司，由项目公司负责运营维护。因此，在进行立项时，是以项目业主的名义立项建设（B），工程完工后经营（O）一段时间，再交付业主（T）的，其会计处理如下：

（1）在建设阶段，投融资人建设期间发生的支出为取得该项目（一般为不动产）经营权的成本，作为"无形资产 – 其他权益性无形资产 – 基础设施资产经营权"核算：

借：无形资产 – 其他权益性无形资产 – 基础设施资产经营权

应交税费 – 应交增值税（增值税进项税额）

贷：银行存款 / 应付账款 / 应付票据

（2）运营期间收入的会计处理。

项目公司的投资回报主要来源于该项目投入运营后直接收取的廊位租赁费、

管廊物业管理费以及获得政府可行性缺口补贴。主要会计问题要关注以下三方面：

第一方面是无形资产的摊销年限。无论 BOT 项目资产的预计使用寿命有多长，其摊销年限均不应长于特许经营期，如预计使用年限长于特许经营期，则应按特许经营期进行摊销；反之，则应按预计使用年限计提摊销。

第二方面是无形资产的摊销方法。根据与无形资产有关的经济利益的预期实现方式，可选用年限平均法或工作量法。

第三方面是无形资产的预计净残值。由于 BOT 项目资产在特许经营期结束时需要无偿移交给政府，伴随该资产的特许经营权也结束，即该无形资产的使用寿命结束，不再具有任何价值，因此，项目公司应该确认其无形资产的预计净残值为零。

1）项目公司每期收到廊位租赁费、管廊物业管理费时会计处理为：

借：银行存款

　　贷：主营业务收入

　　　　应交税费 – 应交增值税（销项税额）

2）项目公司每期收到财政付费或财政可行性缺口补助时，会计处理分为两种：

第一，如果财政付费或财政可行性缺口补助为中央财政补贴，则根据《国家税务总局关于中央财政补贴增值税有关问题的公告》（国家税务总局公告 2013 年第 3 号）的规定，按照现行增值税政策，纳税人取得的中央财政补贴，不属于增值税应税收入，不征收增值税。会计处理如下：

借：银行存款

　　贷：营业外收入

第二，如果财政付费或财政可行性缺口补助为非中央财政补贴时，会计处理如下：

借：银行存款

　　贷：主营业务收入

　　　　应交税费 – 应交增值税（销项税额）

（3）运营期间发生成本和其他权益性无形资产 – 基础设施资产经营权摊销的会计处理。

项目公司发生成本支出时：

借：主营业务成本

　　贷：银行存款

应付职工薪酬等

同时，将其他权益性无形资产－基础设施资产经营权进行摊销时：

借：管理费用

贷：累计摊销

（4）运营期间或特许经营期内发生的资产更新支出的会计处理。

《企业会计准则解释第 2 号》规定："按照合同规定，企业为使有关基础设施保持一定的服务能力或在移交给合同授予方之前保持一定的使用状态，预计将发生的支出，应当按照《企业会计准则第 13 号—或有事项》的规定处理。"BOT项目在运营期可能会增减一些设备，主要包括两类：

第一类是不属于 BOT 项目设备或其附属设备，而属于与营运有关的设备，即不属于移交范围设施；另一类是属于 BOT 项目设备或其附属设备，即属于移交范围设施。第一类设备的增减应视同公司自有资产的增减，按各自的资产属性，遵循"存货""固定资产"核算。

第二类设备的增减，对原有设备更新、维修，或增加设备以维持该项目经营的支出涉及该项资产的价值，最终要无偿移交，并且经营公司关注的是投资的收回，所以这些支出只能在剩余的特许经营期内摊销。因此，这些支出可以看作是"为维持特许经营权而发生的必要支出"，如果发生的金额不大可以直接费用化，如果发生数额较大，可考虑列入"长期待摊费用"，在剩余的特许经营期内合理分摊。

但是出于谨慎的原则，项目公司最后对特许经营期内发生的资产更新支出进行预测，在"预计负责"科目中反映。即会计处理为如下：

借：管理费用

贷：预计负债

（5）BOT 项目资产的移交。

特许经营期结束时，合同授予方支付的款项已经弥补了金融资产相关科目的金额、无形资产已经摊销完毕，所以设备直接转移给合同授予方即可，无须做会计处理，不会影响项目公司资产的变化。

BOT 项目特许经营期满时，项目公司向合同授予方移交的并不是项目公司的全部资产，仅仅是特许经营合同所约定的项目设施，其已在特许经营期摊销完毕，账面净值为零。初始投入的资本已经由特许经营期的现金流收回，投资收益已在特许经营期每年的利润（或亏损）中反映，因此，项目设施的移交不影响项目公司的总资产和净资产。不进行会计处理，只办理项目移交手续即可。

6.6　税务处理

6.6.1　项目公司融资成本的增值税处理

《财政部　国家税务总局关于全面推开营业税改征增值税试点的通知》（财税〔2016〕36 号）附件 1：《营业税改征增值税试点实施办法》第二十七条第（六）项规定，购进的贷款服务的进项税额不得从销项税额中抵扣。《财政部　国家税务总局关于全面推开营业税改征增值税试点的通知》（财税〔2016〕36 号）附件 2：《营业税改增值税试点有关事项的规定》规定，纳税人接受贷款服务向贷款方支付的与该笔贷款直接相关的投资顾问费用、手续费用、咨询费用和手续费用的进项税额不得从销项税额中抵扣。

因此，项目法人公司从事融资所发生的利息及与融资直接相关的投资顾问费用、手续费用、咨询费用和手续费用的进项税额不得从销项税额中抵扣。

6.6.2　项目公司建设期发生建设成本的增值税处理

在建设阶段，投融资人建设期间发生的支出为取得该项目（一般为不动产）经营权的成本，作为"其他权益性无形资产 – 基础设施资产经营权"核算，所取得的进项税额可以抵扣。投融资人将建筑工程承包给其他施工企业的，该施工企业为建筑业增值税纳税人，按"建筑业"税目征收增值税，其销售额为工程承包总额。

6.6.3　项目公司营运期收取收入的增值税处理

（1）项目公司向入廊企业收取廊位租赁费，依照不动产租赁 11% 计征增值税。

（2）项目公司收取的管廊物业管理费依照现代服务业 6% 计征增值税。

（3）项目公司收取政策可行性缺口补助收入的增值税处理。

根据《国家税务总局关于中央财政补贴增值税有关问题的公告》（国家税务总局公告 2013 年第 3 号）的规定，按照现行增值税政策，纳税人取得的中央财政补贴，不属于增值税应税收入，不征收增值税。因此，如果项目公司收取的财政付费和财政可行性缺口补助来自中央财政补贴，则免增值税，否则要依法缴纳增值税。

（4）项目公司移交项目给政府的税务处理：

项目公司最后在特许经营权到期后，将项目基础设施移交给政府时，如果地下综合管廊采用 BOT 模式的，则项目基础设施移交给政府是无偿移交的，没有产生纳税义务，不交税。如果地下综合管廊采用 BOO 模式的，由于特许期满后地下综合管廊的产权属于项目公司所有，则项目基础设施移交给政府时，是有偿移交，需要缴纳增值税。

第7章 合同管理

合同管理包括合同签订、履行、变更、索赔、解除、终止、争议解决以及控制和综合评价等内容，并应遵守《中华人民共和国合同法》和《中华人民共和国建筑法》的有关规定。

7.1 合同签订

7.1.1 合同的定义及特征

合同是一种协议，是平等主体的自然人、法人、其他组织之间设立、变更、终止民事权利义务关系的协议。

合同有下列几方面的特征：

（1）合同是一种民事法律行为。合同是合同双方当事人意思表示的结果，合同的内容，即当事人的权利和义务，是由意思的内容来确定的，因而合同是一种民事法律行为。

（2）合同是平等的主体间的一种协议。平等主体是指当事人在合同关系中的法律关系平等，彼此间不存在隶属关系或从属关系，平等地承担合同规定的权利和义务。

（3）合同是以当事人之间设立、变更、终止民事权利义务关系为目的的协议。其既包括有关债权债务关系的合同，也包括非债权债务关系的合同，还包括非纯粹债权债务关系的合同，如联营合同等。

依法订立的合同，对当事人具有法律约束力。当事人应当按照约定履行自己的义务，不得擅自变更或者解除合同。如果不履行或不按约定履行合同义务，就应当承担违约责任。

7.1.2 合同的主体资格

当事人订立合同，应当具有相应民事权利能力和民事行为能力。当事人可依法委托代理人订立合同。民事权利能力是参与民事活动，享有民事权利，承担民事义务的能力；民事行为能力是指以自己的意思进行民事活动，取得权利和承担义务的能力。

对建设工程合同，承包人必须经审查合格，取得相应资质证书后，才可在其资质等级许可的范围内订立合同；当由同一专业几个单位组成联合体时，按资质等级低的单位确定资质等级。

7.1.3 合同形式

当事人订立合同，有书面形式、口头形式和其他形式。法律、行政法规规定采用书面形式的，应当采用书面形式；当事人约定采用书面形式的，应当采用书面形式。其中，合同法又规定，建设工程合同必须用书面形式。

7.1.4 合同订立原则

订立合同，要求遵循下列原则：

1. 平等原则

合同当事人法律地位上是平等的，一方不能凌驾于另一方之上，不得将自己的意志强加给另外一方。

2. 自愿原则

当事人有是否订立和与谁订立合同的自由，任何人和任何单位均不得强迫对方与之订立合同。在不违法的情况下，当事人对合同的内容、合同的形式等均应遵循自愿原则，任何单位和个人不得非法干预。自愿原则和平等原则是相辅相成，不可分割的。平等体现了自愿，自愿要求平等。

3. 公平原则

公平原则是指本着社会公认的公平观念，确定当事人的权利义务。主要体现在：

（1）当事人在订立合同时，应当按照公平的标准确定合同的权利和义务，合同的权利义务不能显失公平；

（2）当事人发生纠纷时，法院应当按照公平原则对当事人确定的权利和义务进行价值判断，以决定其法律效力；

（3）当事人变更、解除合同或者履行合同，应体现公平精神，不能有不公平的行为。

4. 诚信原则

诚实信用原则，一个重要方面要求合同当事人在合同订立和合同履行过程中，遵守法律法规和双方的约定，本着实事求是的精神，以善意的方式履行合同义务，不准出现欺诈行为，不乘人之危进行不正当竞争等；另一个重要方面是要将诚信原则作为解释合同的依据。在合同的内容含糊不清时、发生歧义等情况下，就需要对当事人的真实意思表示进行解释。

5. 合法原则

当事人订立、履行合同应当遵守各种法律、行政法规，主要是指遵守强制性的规定。

7.1.5　合同订立方式

当事人订立合同，采取要约、承诺方式。

要约是一方当事人以缔结合同为目的向对方表达意愿的行为。提出要约的一方为要约人，对方称为受要约人。要约人在提出要约时，除了表示订立合同的愿望外，还必须明确提出合同的主要条款，以使对方考虑是否接受要约。显然，工程招标文件就是要约，招标人为要约人，而投标人就是受要约人。

承诺是受要约人按照要约规定的方式，对要约的内容表示同意的行为。一项有效的承诺必须具备以下条件：

（1）承诺必须在要约的有效期内做出。

（2）承诺要由受要约人或其授权的代理人做出。

（3）承诺必须与要约的内容一致。如果受要约人对要约的内容加以扩充、限制或变更，这就不是承诺而是新要约。新要约须经原要约人承诺才能订立合同。

（4）承诺的传递方式要符合要约提出的要求。

从有效承诺的 4 个条件分析，投标书是承诺的一种特殊形式。它包含着新要约的必然过程。因为投标人（受要约人）在接受招标文件内容（要约）的同时，必然要向业主（要约人）提出接受要约的代价（即投标报价），这就是一项新要约。此时，投标人成了要约人，而招标人为受要约人。招标人（业主）接受了投标人的新要约之后，才能订立合同。

7.1.6　工程承包合同的谈判和签订

工程承包合同签订前一般要进行合同谈判，谈判一般分两个阶段。

1. 决标前的谈判

开标以后，招标人常要和投标人就工程有关技术问题和价格问题逐一进行谈判。招标人组织决标前谈判的目的在于：

（1）通过谈判，了解投标人报价的构成，进一步审核和压低报价；

（2）进一步了解和审核投标人的施工规划和各项技术措施的合理性，及对工程质量和进度的保证程度；

（3）根据参加谈判的投标人的建议和要求，也可吸收一些好的建议，可能对工程建设会有一定的影响。

投标人有机会参加决标前的谈判，则应充分利用这一机会：

（1）争取中标，即通过谈判，宣传自身的优势，包括技术方案的先进性，报价合理性，必要时可许诺优惠条件，以争取中标；

（2）争取合理价格，既要准备对付招标人的压价，又要准备当招标人拟增加项目、修改设计或提高标准时适当增加报价；

（3）争取改善合同条件，包括争取修改过于苛刻的和不合理的条件，澄清模糊的条款和增加有利于保护投标人利益的条款。

决标前谈判一般来说招标人较主动。

2. 决标后的谈判

招标人确定中标者并发出中标函后，招标人还要和中标者进行决标后的谈判，即将过去双方达成的协议具体化，并最后对所有条款和价格加以认证。决标后的谈判一般来说对中标承包商比较主动，这时其地位有所改善，可以积极地、有理有节地同业主就合同的有关条款谈判，以争取对自身有利的合同条件。

招标人和中标者在对价格和合同条款谈判达成充分一致的基础上，签订合同协议书(在某些国家需要到法律机关公证)。至此,双方即建立了受法律保护的合同关系。

7.2　合同履行

合同当事人应当按照约定全面履行自己的义务。当事人应当遵循诚实信用原则，根据合同的性质、目的和交易习惯履行通知、协助、保密等义务。合同生效后，当事人就质量、价款或者报酬、履行地点等内容没有约定或者约定不明确的，可以协议补充；不能达成补充协议的，按照合同有关条款或者交易习惯确定。

下面以建设工程施工承包合同为例，介绍合同履行。

7.2.1　业主、承包商和监理工程师的基本关系

业主是建设工程项目的投资主体和责任主体。它通过招标投标，择优选择承

包商和监理单位，并与中标人签订合同，通过合同文件规定合同双方的权利、义务、风险、责任和行为准则。对施工项目，业主与施工承包商签订施工承包合同，按合同向承包商支付其应支付的款额，并获得工程。业主与监理单位签订委托监理合同，委托监理单位对施工承包合同进行管理，控制工程的进度、质量和投资，并向监理单位支付报酬。

承包商应按照施工合同规定，实施工程项目的施工、完建以及修补工程的任何缺陷，并获得合理的利润。承包商应接受监理工程师的监督和管理，严格执行监理工程师的指令，并仅接受监理工程师的指令。

监理工程师受聘于业主，在业主的授权范围内进行合同管理，履行合同中规定的职责，行使合同中规定的或隐含的权力。监理工程师不是合同的当事人，无权修改合同，也无权解除合同任一方的任何职责、义务和责任。监理工程师可按照合同规定向承包商发布指令，承包商必须严格按指令进行工作。监理工程师可按合同对某些事宜作出决定，在决定前应与双方协商并力争达成一致，如不能达成一致，应作出一个公正的决定。业主和承包商都应遵守监理工程师作出的决定，如不同意，可在执行的同时提出索赔或仲裁。

7.2.2　施工承包合同的转让和分包

1. 施工合同转让

转让是指中标的承包商对工程的承包权转让给另一承包商的行为。转让的实质是合同主体的变更，是权利和义务的转让，而不是合同内容的变化。施工承包合同一经转让，原承包商与业主就无合同关系，而改变为新承包商与业主的合同关系。一般来说，原承包商是业主经过资格审查、招标投标和评标后选中，并在相互信任的基础上经过谈判，签订合同的。承包商擅自转让，显然是违约行为。所以，各种合同条款都规定，没有业主的事先同意，承包商不得将合同的任何部分转让给第三方。

2. 施工承包合同分包

分包是指承包合同中的部分工程分包给另一承包商承担施工任务。分包与转让不同，它的实质是为了弥补承包商某些专业方面的局限或力量上的不足，借助第三方的力量来完成合同。施工合同的分包有两种类型，即一般分包与指定分包：

一般分包指由承包商提出分包项目，选择分包商（称为一般分包商），并与其签订分包合同。一般也规定，承包商不得将其承包的工程肢解后分包出去，也不得将主体工程分包出去；未经监理工程师同意，承包商不得将工程任何部分分包出去；承包商应对其分包出去的工程以及分包商的任何工作和行为负全部责任，分包商应就其完成的工作成果向业主承担连带责任；分包商不得将其分包的工程再分包出去。

指定分包是指分包工程项目和分包商均由业主或监理工程师选定，但仍由承包商与其签订分包合同，此类分包商称为指定分包商。指定分包有两种情况：一种是业主根据工程需要，在招标文件中写明分包工程项目以及指定分包商的情况。若承包商在投标时接受了此项指定分包，则该项指定分包即视为与一般分包相同，其管理也与一般分包的管理相同；另一种是在工程实施过程中，业主为了更有效地保证某项工作的质量或进度，需要指定分包商来完成此项工作的情况。此种指定分包，应征得承包商的同意，并由业主协调承包商与分包商签订分包合同。业主还应保证补偿承包商由于指定分包而增加的一切额外费用，并向承包商支付一定数额的分包管理费。承包商应按分包合同规定负责分包工作的管理和协调。指定分包商应接受承包商的统一安排和监督管理。

7.2.3 工程的开工、延长和暂停

1. 工程开工

在投标书附件中规定了从中标函颁发之后的一段时间里，监理工程师应向承包商发出开工通知。而承包商收到此开工通知的日期即作为开工日期，承包商应尽快开工。竣工日期是从开工日起算的。若由于业主的原因，如征地、拆迁未落实，引起承包商工期延误或增加开支，则业主应对工期和费用给予补偿。

2. 工期延长

由于某种原因，承包商有权得到工期延长，能否得到费用补偿，要视具体情况而定。这些原因有：

（1）额外的或附加的工作。

（2）不利的自然条件。

（3）由业主造成的任何延误。

（4）不属于承包商的过失或违约引起的延误。

（5）其他合同条件提到的原因。

承包商必须在导致延期事件开始发生后一定时间（如28天）内将要求延期

的报告送达监理工程师。若导致延期的事件持续发生，则承包商应每 28 天向监理工程师送一份期中报告，说明事件详情。

3. 工程暂停

暂停施工是施工过程中出现了危及工程安全或一方违约使另一方受到严重损失的情况下，受害方采取的一种紧急措施，其目的是保护受害方的利益。引起工程暂停的原因可能是承包商也可能是业主。引起工程暂停的损失由责任方承担。在施工中出现暂停或需要暂停，一般监理工程师应下达暂停施工指令，当具备复工条件时，监理工程师再下达复工令。

7.2.4　工程变更、增加与删减

在监理工程师认为必要时，可以改变任何部分工程的形式、质量水平或数量。监理工程师用书面形式发出变更指令。

7.2.5　工程计量与支付

1. 工程计量

工程量是予以支付的一个依据之一。予以支付的工程量必须满足：在内容上，必须是工程量清单上所列的，包括监理工程师批准的项目；在质量上，必须是经过检验的、质量合格的项目的工程量；在数量上，必须是按合同规定的原则和方法所确定的工程量。若合同中没有特殊规定，工程量一般均应测量净值计。仅当监理工程师批准或认定的工程量，才能作为支付的工程量。

2. 工程支付

施工承包合同支付或结算涉及的款项有：

（1）工程进度款。对工程量清单中所列的项目，按实际完成的，满足支付条件的，并经监理工程师确认的工程量，乘以合同中规定的单价，得到向承包商支付的款项。工程进度款常按月支付，因此其也称月进度款。

（2）暂定金。其包含在合同总价中，并在工程量清单中用该名称标明。暂定金可用于工程的任何部分施工的一笔费用。其也可用于采购货物、设备或服务；或用于指定分包；或供处理不可预见事件。按监理工程师的指令，暂定金可全部或部分被使用，也可能不需被动用。

（3）计日工，又称点工。其是指监理工程师认为工程有必要做某些变动，且按计日工作制适宜于承包商开展工作，于是就以天为基础进行计量支付的一种结算制度。

（4）工程变更、工程索赔、价格调整。

（5）预付款。在施工合同中，预付款分为动员预付款和材料预付款。动员预付款是指承包商中标后，由业主向其提供一笔无息贷款，主要用于调迁施工队伍、施工机械，以及临时工程的建设等。材料预付款也是业主向承包商提供的无息贷款，不过其主要用于支持承包商采购材料和工程设备。预付款在工程进度款中将由业主逐步扣回。

（6）保留金。为了施工过程中或施工完成后的保修期里，工程的一些缺陷能得到及时的修补，承包商违约的损失能得到及时的补偿，一般在合同中规定，业主有权在工程月进度款中按其百分比扣留一笔款项，这就是保留金。合同中一般也规定，保留金累计扣留值达到合同价的 2.5% ~ 5% 时，即停止扣留；在监理工程师签发合同工程移交证书后的 14 天内，业主应退还 50% 的保留金，在工程保修期满后的 14 天内，业主应将所有保留金退给承包商。

（7）奖励与赔偿。施工中，如因承包商的原因，而使业主得到额外的效益，或致使业主额外的支付或损失时，业主应对承包商进行奖励，或向承包商要求赔偿。

（8）完工支付和最终支付。在监理工程师签发合同工程移交证书后的 28 天内，承包商就应向业主提交完工支付申请，并附有详细的计算资料和证明文件；承包商在收到监理工程师签发的保修责任终止证书后的 28 天内，应向监理工程师提交一份最终支付申请表并附有证明文件。

7.2.6 质量检查

对所有材料、永久工程的设备和施工工艺，均应符合合同要求及监理工程师的指示。承包商应随时按照监理工程师的要求，在工地现场以及为工程加工制造设备的所有场所，为其检查提供方便。

监理工程师应将质量检查的计划在 24 小时前通知承包商。监理工程师或其授权代表经检查认为质量不合格时，承包商应及时补救，直到下次检查验收合格为止。对隐蔽工程，在监理工程师检查验收前不得覆盖。

质量检查费用一般由承包商承担，但下列情况应由业主支付：

（1）监理工程师要求检验的项目，但合同中无规定的。

（2）监理工程师要求进行的检验，虽在合同中有说明，但检验地点在现场以外或在材料、设备的制造现场以外，其检验结果合格时的费用。

（3）监理工程师要求对工程的任何部位进行剥露或开孔以检查工程质量，如果检查合格时，剥露、开孔及还原的费用。

7.2.7　承包商的违约

承包商的违约是指承包商在实施合同过程中由于破产等原因而不能执行合同，或是无视监理工程师的指示有意或无能力去执行合同。承包商的下列几种行为均认为是违约：

（1）已不再承认合同。

（2）无正当理由而不按时开工，或是当工程进度太慢，收到监理工程师指令后又不积极赶工者。

（3）在检查验收材料、设备和工艺不合格时，拒不采取措施纠正缺陷或拒绝用合格材料和设备替代原来不合格的材料和设备者。

（4）无视监理工程师事先的书面警告，公然无视履行合同中所规定的义务。

（5）无视合同中有关分包必须经过批准及承包商要为其分包承担责任的规定。

承包商违约，业主可自行或雇用其他承包商完成此工程，并有使用原承包商的设备、材料和临时工程的权利。监理工程师应对其已经做完的工作、材料、设备、临时工程的价值进行估价，并清理各种已支付的费用。

7.2.8　业主的违约

业主的违约主要是业主的支付能力问题，包括下面几种情况：

（1）在合同规定的应付款期限内，未按监理工程师的支付证书向承包商支付款项。

（2）干扰、阻挠或拒绝批准监理工程师上报的支付证书。

（3）业主停业清理或宣告破产。

（4）由于不可预见原因或经济混乱，业主通知承包商，已不可能继续履行合同。

若出现上述业主的违约，承包商有权通知监理工程师：在发出通知的某个期限内终止承包合同，并不再受合同的约束，从现场撤出所有属于自己的施工设备。此时，业主还应按合同条款向承包商支付款项，并赔偿由于业主违约而引起的对承包商的各种损失。

7.2.9 争端解决

争端解决是合同管理中的主要问题之一。合同在执行过程中，经常会发生各种争端，有些争端可以按合同条款双方友好协商解决，但总会存在一些合同中没有详细规定，或虽有规定但双方理解不一的争端。争端解决的方式有许多，如谈判、调解、仲裁、诉讼等。

一般均是通过监理工程师去调解，当争议双方不愿谈判或调解，或者经过谈判和调解仍不能解决争端时，可以选择仲裁机构进行仲裁或法院进行诉讼审判的方式进行解决。

我国实行的是"或裁或审制"，即当事人只能选择仲裁或诉讼两种解决争议方式中的一种。

7.2.10 索赔

一般而言，索赔是指在合同实施过程中，当事人一方不履行或未正确履行其义务，而使另一方受到损失，受损失的一方向违约方提出的赔偿要求。在施工承包中，施工索赔是指，承包商由于非自身原因发生了合同规定之外的额外工作或损失，而向业主所要求费用和工期方面的补偿。换言之，凡超出原合同规定的行为给承包商带来的损失，无论是时间上的还是经济上的，只要承包商认为不能从原合同规定中获得支付的额外开支，但应得到经济和时间补偿的，均有权向业主提出索赔。因此索赔是一种合理要求，是应取得的补偿。

广义上的索赔概念不仅是承包商向业主提出，而且还包括业主向承包商提出，后者也常称反索赔，索赔和反索赔往往并存。

7.2.11 工程移交

工程移交分全部工程和局部工程移交两种。

（1）当承包商认为其所承包的全部工程实质上已完工，可向监理工程师申请竣工验收。通过竣工验收，其可向监理工程师申请颁发移交证书。若监理工程师对工程验收满意，则其应签发一份移交证书。该移交证书经业主确认后，就意味着承包商将工程移交给了业主，此后该工程即由业主负责管理。

（2）区段或局部工程移交。这种移交常见在这三种情况：

合同中规定，某区段或部位有单独的完工要求和竣工日期；

已局部完工,监理工程师认为合格且为业主所占用,并成为永久工程的一部分;

在竣工前,业主已选择占用,这种占用在合同中无规定,或是属于临时性措施。对于上述情况之一,承包商均有权利向监理工程师申请签发区段或局部工程的移交证书。这类移交证书的签发,相应的区段或局部工程则移交给业主。

7.2.12　缺陷责任期

缺陷责任期,亦称保修期,是指移交证书上确认的工程完工日期后的一段时间,通常为 1 年。若一个工程有几个竣工日期,则整个工程的缺陷责任期应以最后一部分工程的缺陷责任期的期满而结束。在缺陷责任期内,承包商应尽快完成竣工验收阶段所遗留的扫尾工作,并负责对各种工程缺陷的修补。若引起工程缺陷的责任在承包商,则其修补费用由承包商自负;若引起工程缺陷的责任不在承包商,则维修费用由业主支付。

7.3　合同管理评估

7.3.1　合同分类

合同依其标的不同,划分为一定的类型,包括:转移标的物所有权的合同(买卖合同、供用电水气热力合同、赠与合同);转移标的物用益权的合同(租赁合同、融资租赁合同、完成工作的合同、承揽合同、建设工程合同);给予信用的合同(借款合同);提供服务的合同(运输合同、保管合同、仓储合同、委托合同、行纪合同、居间合同);转移智慧成果的合同(技术合同)。

7.3.2　管理不足

(1)文档管理困难:传统纸质合同与电子版合同共存,但对于不同的人员想阅读参考合同时,存在查找不方便的问题。尤其是领导需要了解合同文本时需要耗费很多时间。

(2)进度控制困难:由于合同数目多,参与人员多,合同进度的控制基本靠手工和普通 WORD、EXCEl 管理已很难满足公司发展需要,并且当领导想全局或全程了解合同情况时存在很大障碍。财务人员的付款依据也与进度密切相关,但同样存在障碍。

(3)信息汇总困难:采用手工或 EXCEL 管理时,由于不同部门的数据格式不统一，采集也不能够及时继续，汇总工作需要耗费大量时间还不一定准确。对于领导的决策时间有一定的影响。

（4）缺少预警机制：缺少对合同进度、结款等关键节点的预警，不能准确地预测近期可能的收支项目，不能帮助公司进行财务规划，掌控现金流，更好地发挥资金运作。

7.3.3 合同系统管理功能

业务管理是合同管理的核心需求，合同管理必须解决实际业务管理中的问题，专注于企业合同管理的动态化、智能化、网络化，为企业提供合理的流程和业务约束以及全方位的合同管理功能，包括合同起草、合同审批、文本管理、履约监督、结算安排、智能提醒合同收付款、项目管理、合同结款情况统计分析、报表输出和决策支持等。

具体功能项：

合同起草：提供合同示范文本库，起草人选择对应的合同范本，填写合同要素，合同示范文本只允许起草人填空，不允许修改固定条款格式。

合同审批：根据企业的业务流程自定义软件中合同审批流程，保存所有的审批意见，帮助评审人员参考，最后打印出合同审批单。

合同文件：管理所有与合同有关的文件，包括合同原稿、变更文件、附图等内容，将任意格式的电子版文档直接导入系统中。

结算管理：解决企业的资金管理，为合同细化了何时应该结算账款，无论是对收款还是付款均有重要意义，可以及时安排资金调度及收回款项，既保证按时守信，又合理充分利用资金，降低执行风险。

实际进度：明确记录合同进度，并与计划情况进行对比，方便领导随时了解合同动态执行的情况，到底完成到何种程度，完成的百分比是多少，方便领导调整进度，安排下一步的工作。

商品管理：采用合同商品清单、询价、报价表单管理对应标的物型号、规格等明细，可以按商品类型、交货期等信息统计合同商品数量和金额，为公司市场策略、财务规划、招投标管理等提供依据。

合同变更：记录合同变更的原因、影响，并将变更依据作为附件导入系统，从而兼顾了变更过程管理的严谨和自动性，关联结果，有据可查，权责明晰。

预警系统：对所有快到期的结款、审批、收货、验收、付款等关键节点或事项进行预警，帮助用户提前做好财务规划和分析决策。

报表：从不同角度对系统数据进行统计分析，辅助经营决策，多样化的统计方式，自定义统计条件，并将统计结果输出图形。

7.3.4　应用范围

合同管理在企业运作过程中有着重要的作用，在运作过程中所产生的合同有以下的特点：

合同类型多：一个大型的项目运作过程中可能包括土地合同、设计合同、监理合同、工程总包合同、工程分包合同、设备安装合同、设备采购合同、材料采购合同、销售代理合同、广告代理合同等类型。

合同数量大：一个大型的项目可能会包括几十个甚至上百个合同。

合同周期长：很多合同都是跨年度的，有些合同的生命周期甚至可能是两年以上的，这就给合同的持续跟踪管理带来很多问题。

合同之间存在复杂的制约关系：开发项目的复杂性也反映在合同之间存在复杂的制约关系，例如：工程总包合同与分包合同、工程施工合同与采购合同、工程施工合同与设备安装合同在时间上存在一定的制约关系，为确保合同之间顺利的协调开展，需要对合同科目进行详细的分解，形成严密的进度计划。

在合同管理中，不断规范和优化合同管理业务流程，有效地把签约授权管理、相对人管理、合同立项选商、合同申报、合同审查审批、合同签订、合同履行和合同归档等工作借助合同管理进行了规范管理，实现了合同管理工作由以往浅层被动管理向深层宽幅度主动管理的质的飞跃——合同管理系统上线，改变了以往合同审查审批流于形式、审查不严、把关不到位等问题。系统流程通过划分合同承办范围、确定部门职责、专业地位及审查审批权限等，使管理层次明确，承办范围固定，专业技术、经济商务、法律及企业管理人员全过程参与，人性化地体现了责权利的有机统一，实现了合同签订事前、事中和事后管理，有效控制了法律风险。

实现合同规范、严格、严谨管理，有效促进了合同管理科学化、规范化、标准化管理目标的实现。

7.3.5　使用效益

合同管理可以为管理带来如下价值：

1. 规范基础数据管理

合同管理可以有效地改变企业信息分布比较散乱的现状。同时，可以为企业实现完整、规范的数据管理提供一个良好的支撑。

2. 提高管理效率

合同管理避免了手工管理合同出现，利用审批流管理，可以方便、快捷地处理企业管理事务；预警可以协助合同管理人员更轻松地应对日常管理事务；报表管理的灵活定义，为管理部门的统计分析提供强大的技术支持。

3. 为领导决策提供准确及时广泛的信息

利用互联网，领导可以在任何时间、任何地方进入系统，随时查阅与合同管理相关基本信息，准确定位下属人员的工作情况，掌握合同执行现状，并方便地生成各种数据报表或图表。同时，系统还提供强大的管理工具模块供客户选择，对这些信息进行深入分析，为公司决策人员提供更多的智力支持。

7.4 PPP 模式的项目合同

7.4.1 项目的建设

包含新建或改扩建内容的PPP项目，通常采用BOT、BOO或ROT等运作方式，项目建设是这类PPP项目合同的必备条款。有关项目建设的条款通常会包括设计和建设两部分内容。

1. 项目的设计

（1）设计的范围

根据项目的规模和复杂程度，一般来讲设计可以分为三个或四个阶段。对于土建项目，设计通常分为可行性研究、初步设计（或初始设计）和施工图设计（或施工设计）三个阶段；对于工业项目（包括工艺装置设施）以及复杂的基础设施项目，通常还要在上述初步设计和施工图设计阶段之间增加一个扩初设计（或技术设计）阶段。

根据政府已完成设计工作的多少，PPP项目合同中约定的设计范围也会有所不同：如果政府仅编制了项目产出说明和可行性研究报告，项目公司将承担主要的设计工作；如果政府已完成了一部分设计工作（如已完成初步设计），则项目公司的设计范围也会相应缩小。

（2）设计工作的分工

根据项目具体情况的不同，PPP 项目合同中对于设计工作的分工往往会有不同。常见的设计工作分工包括：

①可行性研究报告、项目产出说明——由政府或社会资本方完成。

如果 PPP 项目由政府发起，则应由政府自行完成可行性研究报告和项目产出说明的编制工作；如果 PPP 项目由社会资本发起，则可行性研究报告和项目产出说明由社会资本方完成。

无论可行性研究报告和项目产出说明由谁完成，其均应作为采购文件以及最终签署的合同文件的重要组成部分。

②初步设计和施工图设计——由项目公司完成。

在 PPP 项目合同签署后，项目公司负责编制或最终确定初步设计和施工图设计，并完成全部的设计工作。

（3）项目设计要求

在 PPP 项目合同签订之前，双方应协商确定具体的项目设计要求和标准，并在 PPP 项目合同中予以明确约定。确定项目设计要求和标准的依据通常包括：

①政府编制或项目公司编制并经政府方审查同意的可行性研究报告和项目产出说明；

②双方约定的其他技术标准和规范；

③项目所在地区和行业的强制性技术标准；

④建设工程相关法律法规的规定，例如建筑法、环境保护法、产品质量法等。

（4）设计的审查

在 PPP 项目中，虽然设计工作通常主要由项目公司承担，但政府方享有在一定的期限内审查设计文件并提出意见的权利，这也是政府方控制设计质量的重要途径。设计审查条款通常包括以下内容：

①政府方有权审查由项目公司制作的任何设计文件（特别是初步设计以及施工图设计），项目公司有义务将上述文件提交政府方审查。

②政府方应当在约定期限内（通常在合同明确约定）审查设计文件。如果设计文件中存在任何不符合合同约定的内容，政府方可以要求项目公司对不符合合同的部分进行修正，有关修正的风险、费用由项目公司承担；如果政府方在上述约定期限内未提出审查意见，约定审查期限届满后项目公司即可实施项目设计方案并开始项目建设。

③如项目公司对政府方提出的意见存在异议，可以提交争议解决程序处理。政府方的上述审查不能减轻或免除项目公司依法履行相关设计审批程序的义务。

（5）项目设计责任

在PPP项目中，通常由项目公司对其所作出的设计承担全部责任。该责任不因该设计已由项目公司分包给其他设计单位或已经政府方审查而被豁免或解除。

2. 项目的建设

在PPP项目合同中，要合理划分政府方与项目公司在建设期间的权利义务，更好地平衡双方的不同诉求，确保项目的顺利实施。

（1）项目建设要求

1）建设标准要求。与项目设计类似，在PPP项目合同签订之前，双方应协商确定具体的项目建设标准，并规定在PPP项目合同中。常见的建设标准和要求包括：

①设计标准，包括设计生产能力或服务能力、使用年限、工艺路线、设备选型等；

②施工标准，包括施工用料、设备、工序等；

③验收标准，包括验收程序、验收方法、验收标准；

④安全生产要求；

⑤环境保护要求等。

项目的建设应当依照项目设计文件的要求进行，并且严格遵守建筑法、环境保护法、产品质量法等相关法律法规的规定以及国家、地方及行业强制性标准的要求。项目建设所依据的相关设计文件和技术标准通常会作为PPP项目合同的附件。

2）建设时间要求。在PPP项目合同中，通常会明确约定项目的建设工期及进度安排。在完工时间对于项目具有重大影响的项目中，还会在合同中进一步明确具体的完工日期或开始运营日。

（2）项目建设责任

在PPP项目中，通常由项目公司负责按照合同约定的要求和时间完成项目的建设并开始运营，该责任不因项目建设已部分或全部由项目公司分包给施工单位或承包商实施而豁免或解除。

当然，在 PPP 项目中，项目建设责任对项目公司而言是约束与激励并存的，在确保项目按时按质量完工方面，项目公司除了客观上要受合同义务约束之外，还会有额外的商业动机，因为通常只有项目开始运营，项目公司才有可能获得付费。

（3）政府方对项目建设的监督和介入。

为了能够及时了解项目建设情况，确保项目能够按时开始运营并满足合同约定的全部要求，政府方往往希望对项目建设进行必要的监督或介入，并且通常会在 PPP 项目合同中约定一些保障政府方在建设期的监督和介入权利的条款。

这种政府方的监督和介入权应该有多大，也是项目建设条款的核心问题。需要强调的是，PPP 项目与传统的建设采购项目完全不同，政府方的参与必须有一定的限度，过度的干预不仅会影响项目公司正常的经营管理以及项目的建设和投运，而且还可能将本已交由项目公司承担的风险和管理角色又揽回到政府身上，从而违背 PPP 项目的初衷。

政府对项目建设的监督和介入权利主要包括：

1）定期获取有关项目计划和进度报告及其他相关资料；

2）在不影响项目正常施工的前提下进场检查和测试；

3）对建设承包商的选择进行有限的监控（例如设定资质要求等）；

4）在特定情形下，介入项目的建设工作等。

7.4.2 项目的运营

在 PPP 项目中，项目的运营不仅关系到公共产品或服务的供给效率和质量，而且关系到项目公司的收入，因此对于政府方和项目公司而言都非常关键。有关项目运营的条款通常包括开始运营的时间和条件、运营期间的权利与义务以及政府方和公众对项目运营的监督等内容。

1. 开始运营

（1）概述

开始运营，是政府方和项目公司均非常关注的关键时间点。

对政府方而言，项目开始运营意味着可以开始提供公共产品或服务，这对于一些对时间要求较高的特殊项目尤为重要。例如奥运会场馆如果没有在预定的时间完工，可能会造成极大的影响和损失。

对项目公司而言，在多数 PPP 项目中，项目公司通常只有项目开始运营后才能开始获得付费。因此，项目尽早开始运营，意味着项目公司可以尽早、尽可能长时间的获得收入。

基于上述原因，开始运营的时间和条件也是双方的谈判要点。

（2）开始运营的条件

1）一般条件。

在订立 PPP 项目合同时，双方会根据项目的技术特点和商业特性约定开始运营的条件，以确定开始运营及付费的时间点，常见的条件包括：

①项目的建设已经基本完工（除一些不影响运营的部分），并且已经达到满足项目目的的水平；

②已按照合同中约定的标准和计划完成项目试运营；

③项目运营所需的审批手续已经完成（包括项目相关的备案审批和竣工验收手续）；

④其他需要满足项目开始运营条件的测试和要求已经完成或具备。

2）具体安排。

在一些 PPP 项目中，开始运营与建设完工为同一时间，完工日即被认定为开始运营日。但在另一些项目中，开始运营之前包括建设完工和试运营两个阶段，只有在试运营期满时才被认定为开始运营。

这种包括试运营期的安排通常适用以下两种情形：

①在项目完工后，技术上需要很长的测试期以确保性能的稳定性；

②在项目开始运营之前，需要进行大量的人员培训或工作交接。

（3）因项目公司原因导致无法按期开始运营的后果

如果项目公司因自身原因没有按照合同约定的时间和要求开始运营，将可能承担如下后果：

1）一般的后果：无法按时获得付费、运营期缩短。

通常来讲，根据 PPP 项目合同的付费机制和项目期限机制，如果项目公司未能按照合同约定开始运营，其开始获得付费的时间也将会延迟，并且在项目合作期限固定、不分别设置建设期和运营期且没有正当理由可以展期的情况下，延迟开始运营意味着项目公司的运营期（即获得付费的期限）也会随之缩短。

2）支付逾期违约金。

一些 PPP 项目合同中会规定逾期违约金条款，即如果项目公司未能在合同约定的日期开始运营，则需要向政府方支付违约金。

需要注意的是，并非所有的 PPP 项目合同中都必然包括逾期违约金条款，特别是在逾期并不会对政府方造成很大损失的情况下，PPP 项目合同中的付费机制和项目期限机制已经足以保证项目公司有动机按时完工，因而无须再另行规定逾期违约金。

如果在 PPP 项目合同中加入逾期违约金条款，则应在项目采购阶段对逾期可能造成的损失进行评估，并据此确定逾期违约金的金额和上限（该上限是项目融资方非常关注的要点）。

3）项目终止。

如果项目公司延误开始运营日超过一定的期限（例如，200 日），政府方有权依据 PPP 项目合同的约定主张提前终止该项目。

4）履约担保。

为了确保项目公司按时按约履行合同，有时政府方也会要求项目公司以履约保函等形式提供履约担保。如果项目公司没有按照合同约定运营项目，政府方可以依据双方约定的履约担保机制获得一定的赔偿。

（4）因政府方原因导致无法按期开始运营的后果

此处的政府方原因包括政府方违约以及在 PPP 项目合同中约定的由政府方承担的风险，例如政治不可抗力等。

1）延长工期和赔偿费用。

因政府方原因导致项目公司无法按期开始运营的，通常项目公司有权主张延迟开始运营日并向政府方索赔额外费用。

2）视为已开始运营。

在一些采用政府付费机制的项目（如电站项目）中，对于因发生政府方违约、政治不可抗力及其他政府方风险而导致项目在约定的开始运营日前无法完工或无法进行验收的，除了可以延迟开始运营日之外，还可以规定"视为已开始运营"，即政府应从原先约定的开始运营日起向项目公司付费。

（5）因中性原因导致无法按期开始运营的后果

此处的中性原因是指不可抗力及其他双方约定由双方共同承担风险的原因。不可抗力是指 PPP 项目合同签订后发生的，合同双方不能预见、不能避免并不能克服的客观情况，主要是指自然不可抗力，不包括按照合同约定属于政府方和项目公司违约或应由其承担风险的事项。

因中性原因导致政府方或项目公司不能按期开始运营的，受到该中性原因影响的一方或双方均可以免除违约责任（例如违约金、赔偿等），也可以根据该中性原因的影响期间申请延迟开始运营日。

2. 运营期间的权利与义务

（1）项目运营的内容

根据项目所涉行业和具体情况的不同，PPP 项目运营的内容也各不相同，例如：

1）公共交通项目运营的主要内容是运营有关的高速公路、桥梁、城市轨道交通等公共交通设施；

2）公用设施项目运营的主要内容是供水、供热、供气、污水处理、垃圾处理等；

3）社会公共服务项目运营的主要内容是提供医疗、卫生、教育等公共服务。

（2）项目运营的标准和要求

在 PPP 项目的运营期内，项目公司应根据法律法规以及合同约定的要求和标准进行运营。常见的运营标准和要求包括：

1）服务范围和服务内容；

2）生产规模或服务能力；

3）运营技术标准或规范；

4）产品或服务质量要求；

5）安全生产要求；

6）环境保护要求等。

为保障项目的运营质量，PPP 项目中通常还会要求项目公司编制运营与维护手册，载明生产运营、日常维护以及设备检修的内容、程序和频率等，并在开始运营之前报送政府方审查。运营维护手册以及具体运营标准通常会作为 PPP 项目合同的附件。

（3）运营责任划分

一般情况下，项目的运营由项目公司负责。但在一些 PPP 项目，特别是公共服务和公用设施行业下的 PPP 项目中，项目的运营通常需要政府方的配合与协助。在这类项目中，政府方可能需要提供部分设施或服务，与项目公司负责建设运营的项目进行配套或对接，例如垃圾处理项目中的垃圾供应、供热项目中的管道对接等。

具体项目中如何划分项目的运营责任，需要根据双方在运营方面的能力及控制力来具体分析，原则上仍是由最有能力且最有效率的一方承担相关的责任。

（4）暂停服务

在项目运营过程中不可避免地会因一些可预见的或突发的事件而暂停服务。

暂停服务一般包括两类：

1）计划内的暂停服务。

一般来讲，对项目设施进行定期的重大维护或者修复，会导致项目定期暂停运营。对于这种合理的、可预期的计划内暂停服务，项目公司应在报送运营维护计划时提前向政府方报告，政府方应在暂停服务开始之前给予书面答复或批准，项目公司应尽最大努力将暂停服务的影响降到最低。

发生计划内的暂停服务，项目公司不承担不履约的违约责任。

2）计划外的暂停服务。

若发生突发的计划外暂停服务，项目公司应立即通知政府方，解释其原因，尽最大可能降低暂停服务的影响并尽快恢复正常服务。对于计划外的暂停服务，责任的划分按照一般的风险分担原则处理，即：

①如因项目公司原因造成，由项目公司承担责任并赔偿相关损失；

②如因政府方原因造成，由政府方承担责任，项目公司有权向政府方索赔因此造成的费用损失并申请延展项目期限；

③如因不可抗力原因造成，双方共同分担该风险，均不承担对对方的任何违约责任。

3. 政府方对项目运营的监督和介入

政府方对于项目运营同样享有一定的监督和介入权，通常包括：

（1）在不影响项目正常运营的情况下入场检查；

（2）定期获得有关项目运营情况的报告及其他相关资料（例如运营维护计划、经审计的财务报告、事故报告等）；

（3）委托第三方机构开展项目中期评估和后评价；

（4）在特定情形下，介入项目的运营工作等。

4. 公众监督

为保障公众知情权，接受社会监督，PPP 项目合同中通常还会明确约定项目公司依法公开披露相关信息的义务。

关于信息披露和公开的范围，一般的原则是，除法律明文规定可以不予公开的信息外（如涉及国家安全和利益的国家秘密），其他的信息均可依据项目公司和政府方的合同约定予以公开披露。实践中，项目公司在运营期间需要公开披露的信息主要包括项目产出标准、运营绩效等，如医疗收费价格、水质报告。

第8章 风险管理

8.1 风险的概述

8.1.1 风险的基本理论

1. 风险的定义

风险的基本含义是损失的不确定性。对这一基本概念，国内外的经济学、统计学、决策理论和保险学等领域的学者，都有自己独到的理解，但是由于他们对风险的认识都是站在自己领域的角度上，因此直到现在尚无一个适用于各个领域的一致公认的关于风险的定义。关于风险的定义，目前国内外有几种不同的看法。

美国学者小阿瑟·威廉斯和理查德·M·汉斯认为风险就是在特定的客观情况下，在特定的时期内，某一事件其预期结果与实际结果之间变动程度的概率分布。变动程度的期望值和方差越大，风险越大，反之风险越小。

皇家社会研究所在《关于风险研究群的报告》中认为，风险是"在规定时间范围内不利事件发生的概率"。

国内学者许谨良和周江雄认为，风险是某一种事业预期后果估计中的较为不利的一面，这里"较为不利"是相对于预期达到的目标而言的。

洪锡熙认为，对风险的认识可以分为主观说和客观说。主观说认为风险是损失的不确定性，此定义的特征是强调"损失"和"不确定性"，并认为"不确定性"是属于主观的、个人的和心理上的一种观念。"客观说"认为，风险是给定情况下一定时期可能发生的各种结果间的差异，此定义的特征是将风险视为客观存在的、可以用客观尺度衡量的事物。若各种结果之间的差异大，则风险大；若差异小，则风险小。诸如此类的对风险的定义很多。

现在理论界比较认同的看法是，风险是一个系统（可以是简单系统，也可以是复杂巨系统）造成失败的可能性和由这种失败而导致的损失和后果。这样，风险包含了两个相关因素：失败概率和失败后果。

将上述对风险的不同定义归纳起来，可以这样理解，对于某个既定事件，风险包含两个要素：某事件发生的可能性（失败概率）；该事件发生所带来的后果（失败后果）。从概念上说，每个事件的风险都是"可能性"及"影响"的函数，即：风险 = f（可能性，影响）。

一般来说，当"可能性"与"影响"两个自变量中的任何一个增加时，风险都会增加。

2. 风险的特性

风险主要具有以下几种属性：

（1）风险的双重性

风险既具有客观性也具有主观性。风险的客观性表现在风险是一种客观现象，是不以人的意志为转移的，如水灾、火灾、地震等；风险是在一定环境和期限内客观存在的，人们无法回避它、消除它，只能通过各种技术手段来应对风险，从而避免费用、损失和损害的产生。风险的主观性表现在不同的主观判断对未来可能发生的事件持不同的看法，有的认为算不上什么风险，有的则认为风险很大，这样必然导致不同的行动方案，在一定时期使从事的活动由于主观原因而处于特定的风险状态中。所以风险是各种主客观因素的结合，具有主客观的双重性。

（2）风险的可识别性和可控制性

所谓识别，是指可以根据过去的统计资料，通过有关方法来判断某种风险发生的概率与风险造成的不利影响的程度。所谓控制，是指通过适当的技术来回避风险，或控制风险发生导致不利影响的程度。现代管理科学为风险识别与风险控制提供了理论、技术和方法支持。企业可通过自己的经营轨迹、社会政治发展的趋势对企业经营可能产生的风险及风险发生的时间、范围、程度进行预测和把握，从而有效地进行控制。

（3）风险事件的随机性

风险事件是否发生，何时发生，发生之后会造成什么样的后果等都具有随机性。尽管单个风险事件的发生具有不确定性，但人们通过长期的观察发现，大量事件的发生遵循一定的计划规律，风险事件的发生具有一定的规律。

（4）风险的相对性

风险总是相对于项目主体而言，同样的风险对于不同的主体有不同的影响。人们对于风险事故都有一定的承受能力，但这种能力因活动、人和时间而异。对于项目风险，人们的承受能力主要受下列几个因素的影响：

①收益的大小。收益总是与损失的可能性相伴随。损失的可能性越大，人们希望得到的收益也越大；反过来收益越大，人们愿意承担的风险也越大。

②投入的大小。项目活动投入的越多，人们对成功所抱有的希望也越大，愿意承担的风险也越小。一般人希望活动获得成功的概率随着投入的增加呈 S 形曲线增加。当投入少时，人们可以接受较大的风险，即使获得成功的概率不高也能接受；当投入逐渐增加时，人们就开始变得谨慎起来，希望活动获得成功的概率随着提高。

③项目活动的主体地位和拥有资源。管理人员中级别高的能够承担较大的风险。对同一风险，不同的个人和组织承受能力也不同。个人和组织拥有的资源越多，其承受风险的能力也越强。

（5）风险的可变性

辩证唯物主义认为，任何事物和矛盾都可以在一定条件下向自己的反面转化，这里的条件指活动涉及的一切风险因素。当这些条件发生变化时，必然会引起风险的变化。风险的变化指的是风险性质和风险后果的变化，还包括出现新风险。

（6）风险与收益是一体的、共生的，风险是一种不确定性，会带来费用的增加、各种损失和损害的产生。但如果能够有效地管理风险，则风险将会转化为收益，事实上任何收益都是在克服风险的基础上取得的。

8.1.2　风险管理的概念

1. 风险管理的产生和发展

风险管理是一门新兴的管理科学，从它成为一门学科到现在才 40 多年的历史，然而若要追根溯源，则可追溯到 6000 多年前，当时中国长江上的皮筏商在运送皮货时即已懂得损失分担的道理。其后在国外有共同海损制度（公元前 916年）和船货押贷制度（公元前 400 年），这些作为保险之初的事物都可视为风险管理思想的雏形，因为保险也属于风险管理的范畴。直到 18 世纪产业革命，法国管理学家法约尔（Henry Fayol）才正式在其著作《一般工业管理》中将风险管理思想引进企业经营领域，但长期未能形成完整的体系和制度。20 世纪 30 年代初美国管理协会保险部开始倡导风险管理，到 50 年代发展成为一门学科，60 年代初美国大学里开始出现风险管理课程，70 年代后西方发达国家的企业普遍建立了风险管理机构并设立风险管理经理、顾问等职位。在风险管理发展过程中，许多国家（如美国、英国、法国、德国、日本等）纷纷建立全国性和地区性的风险管理协会，并出版专门刊物、论文集，且召开年会。在美国最著名的全国性协会有：美国风险与保险管理协会、美国风险与保险协会。

目前，风险管理的理论研究和实践不仅局限于高等院校、专门协会和大小企业，而是已渗透到家庭、社会及各个领域，并正在向全球范围扩展。

2. 风险管理的定义

风险管理是人类在不断追求安全与幸福的过程中，结合历史经验和近代科技成就而发展起来的一门新兴管理学科，它是组织管理功能的特殊的一部分。由于风险存在的普遍性，风险管理的涵盖面甚广。从不同的角度，不同的学者提出了不尽相同的定义。

克里斯蒂（James Cristy）在《风险管理基础》一书中提出："风险管理是企业或组织为控制偶然损失的风险，以保全获利能力和资产所做的一切努力。"

威廉斯（C. Arthur Williamms, Jr.）和汉斯（Richard M. Heins）在 1964 年出版的《风险管理与保险》第一版中提出："风险管理是通过对风险的识别、衡量和控制，以最低的成本使风险所致的各种损失降到最低限度的管理方法。"

罗森布朗（Jerry S.Rosenbloom）在 1972 年出版的《风险管理案例研究》一书中提出："风险管理是处理纯粹风险和决定最佳管理技术的一种方法。"

尽管说法很多，但有一点是共同的，即都认为风险管理可以降低纯粹风险所产生的成本。随着社会经济的发展，不仅纯粹风险必须管理，众多的投机风险的管理问题也越来越引起人们的重视。因此对今天的风险管理应该作广义的理解，即风险管理的对象不仅包括纯粹风险，也包括投机风险。威廉斯（C. Arthur Williamms, Jr.）、史密斯（Michael L.Smith）和杨（Peter C.Yong）在 1995 年出版的《风险管理和保险》中又将风险管理定义为"识别、评估和处理组织所面临的不确定事件与风险之成因及影响的一般管理功能"，并指出"风险管理的目的是使组织能以最直接和最有效的方式达到目标和完成任务"。

通过对各种风险管理定义的分析，可以认为：风险管理是经济单位通过对风险的识别、衡量、预测和分析，采取相应对策处置风险和不确定性，力求以最小成本保障最大安全和最佳经营效能的一切活动。

3. 风险管理的目标

美国学者梅尔（Robert Mehr）和赫吉斯（Bob Hedges）认为，企业的风险管理目标必须和企业的总目标一致。风险管理的目标是通过有效的风险管理，在损失发生之前对经济有保证作用，而在损失发生后使得受损的经济有令人满意的复原。因此风险管理的目标在损失发生之前与之后会有不同的内容。虽然这些看法主要是从企业角度来考察风险管理的目标，但对一般经济单位仍不失为一种可以借鉴的理论框架。

总的来说，风险管理的目标就是要以最小的成本获取最大的安全保障。因此，它不仅仅只是一个安全生产问题，还包括识别风险、评估风险和处理风险，涉及财务、安全、生产、设备、物流、技术等多个方面，是一套完整的方案，也是一个系统工程。

具体分析，风险管理的目标可以分为损前目标和损后目标两种。

（1）损前目标

①经济合理目标。要实现以最小的成本获得最大的安全保障这一总目标，在风险事故实际发生之前，就必须使整个风险管理计划、方案和措施最经济、最合理。

②安全状况目标。安全状况目标就是将风险控制在可承受的范围内。风险管理者必须使人们意识到风险的存在，而不是隐瞒风险，这样有利于人们提高安全意识，防范风险并主动配合风险管理计划的实施。

③社会责任目标。风险主体在生产经营过程中必然受到政府和主管部门有关政策和法规以及风险主体公共责任的制约。风险主体一旦遭受风险损失，在严重的情况下可能使社会蒙受其害。风险主体开展风险管理活动，避免风险对社会造成不利影响也是风险管理的目标之一。

（2）损后目标

①维持生存的目标。一旦不幸发生风险事件，给企业造成了损失，损失发生后风险管理的最基本、最主要的目标就是维持生存。实现这一目标，意味着通过风险管理人们有足够的抗灾救灾能力，使企业、个人、家庭，乃至整个社会能够经受得住损失的打击，不至于因自然灾害或意外事故的发生而元气大伤、一蹶不振。实现维持生存目标是受灾经济单位恢复和继续发展的前提。

②保持生产经营正常的目标。风险事件的发生给人们带来了不同程度的损失和危害，影响正常的生产经营活动和人们的正常生活，严重者可使生产和生活陷于瘫痪。风险管理应能保证为企业、个人、家庭等经济单位提供经济补偿，并能为恢复生产和正常生活创造必要的条件，即除了能继续生存外，还有能力迅速复原。

③实现稳定收益的目标。风险管理在使经济单位维持生存并迅速复原后，应通过其运作促使资金回流，尽快消除损失带来的不利影响，力求收益的稳定。

④实现持续增长的目标。风险管理不仅应使经济单位恢复原来的生产经营水平，而且应保证原有生产经营计划的继续实施，并实现持续的增长。

⑤履行社会职责。风险损失的发生，不仅使承担风险的经济单位受害，还会

波及供货人、债权人、协作者、税务部门乃至整个社会。损失发生后的风险管理，应尽可能减轻或消除损失给各有关方面带来的不利影响，切实履行对社会应负的责任。

关于风险管理的目标还有不少见解，虽然各种说法的角度不同，但与上述内容并不矛盾，且是相互补充的。

4.风险管理的基本程序

项目风险管理发展的一个主要标志是建立了风险管理的系统过程，从系统的角度来认识和理解项目风险，从系统过程的角度来管理风险。项目风险管理过程，一般由若干主要阶段组成，这些阶段不仅其间相互作用，而且与项目管理其他管理区域也互相影响，每个风险管理阶段的完成都可能需要项目风险管理人员的共同努力。

对丁风险管理过程的认识，不同的组织或个人是不一样的。美国系统工程研究所（SEI）把风险管理的过程主要分成若干个环节，即风险识别（Identify）、风险分析（Analyze）、风险计划（Plan）、风险跟踪（Track）、风险控制（Control）和风险管理沟通（Communicate），如图 8-1 所示。

美国项目管理协会（PMI）制定的 PMBOK（2000 版）中描述的风险管理过程为：风险管理规划、风险识别、风险定性分析、风险量化分析、风险应对设计、风险监视和控制六个部分。

美国国防部根据其管理实践，建立了相对科学的风险管理基本过程和体系结构，如图 8-1 所示。

我国学者毕星、翟丽在主编的《项目管理》一书中把项目风险管理的阶段划分为风险识别、风险分析与评估、风险处理、风险监视四个阶段，并对风险管理的方法进行了总结，如图 8-2 所示。

图 8-1　SEI 的风险管理过程框架

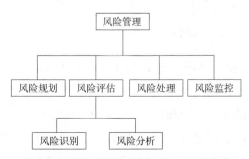

图 8-2　风险管理的基本过程与体系结构

8.2 风险类型

8.2.1 合同风险

（1）合同是执行项目管理活动的最主要依据，所有项目都以合同的形式而确立，一切合同规定的权利和义务的行为和作业活动都会给项目造成风险。经营单位在与发包方签约时要严格按照 ISO9000 标准进行合同评审，项目经理要规避合同风险，必须要了解合同规定条款，要通过合同谈判当事人了解合同谈判的背景及过程，了解合同的约定条款内容。

（2）往往合同中不可能把项目实施过程中的所有事项进行约定。这些未约定事项都必须在项目实施过程中进行商议和沟通。从此意义上讲，项目实施过程中项目经理不仅是一个项目合同执行者而且是一个合同谈判和签约者。因此项目经理要重视合同风险。地下工程项目常常出现实际完成工作量超过合同预计工作量的情况，许多项目经理不及时掌握施工进度，等工作结束时才告知发包方实际工作量远超合同约定量，也就是远超合同预算，实际形成了合同风险。

（3）项目经理要学会以口头沟通，以文字确认的方式来记录沟通过程，以规避合同带来的风险。

8.2.2 财务风险

主要是要做好项目预算资金管理，堵塞漏洞，防止出现亏损失控。

项目预算标准是项目管理的最重要资源，项目预算执行情况涉及项目经理、项目成员的经济利益，一旦失控必然影响项目工作团队积极性，从而造成项目风险。

项目应制定成本控制计划，要落实成本责任制，做好阶段性成本分析和评估，规避成本风险。

8.2.3 信用风险

在项目实施中，信用风险，主要指信任风险，这涉及能力与道德问题。

项目信用风险包括：项目内信用风险和项目外信用风险，实际上是一个项目经理的个人信用问题，或信用能力问题。

内信用建立，要求项目经理用高尚的人格凝聚人心，用高超的管理能力树立权威，用合理有效的制度规范项目团队行为，用公平透明的考核分配制度激励员工，做到令行禁止，说到做到。

外信用建立，要求项目经理带领项目团队树立良好的团队工作形象，加强与发包方的沟通，要严格履行双方约定义务，本着对业主高度负责的精神，从细节入手，加强内部施工管理，时时处处说到做到，让业主感到放心。

8.2.4　环境风险

对综合管廊项目来说主要包括社会环境和地理气候环境带来的风险。

作为综合管廊项目一般以项目团队的组织形态进行工作，工作场地是马路或地下，要遵守公共秩序，以及保证地下环境的安全。

在南方作业要考虑雨水季节可能给项目带来的不利影响，要采取针对性措施，在北方作业要考虑冰冻季节给项目带来的不利影响，要采取针对性的应对措施。

8.2.5　法律风险

主要指违反法律的行为可能造成的风险。

对综合管廊项目而言要遵守国家施工建设管理的法律法规，严格执行相关技术规程和标准，而且在作业居住地要遵守当地政府社区的相关规定，在建设过程中要遵守各专业单位的禁忌性规定，一切依法办事。

同时要在所有民事交往过程中注意留证，以利于在发生纠纷时有效保护自身权益不受侵害。

综合管廊项目，留证内容包括：项目技术设计书审批文件，技术要求变更通知、会议纪要，文件接签收文据，数据交接收据，成果资料交接文据，验收文据等。

8.2.6　安全风险

主要指发生安全事故造成的风险。

综合管廊项目的安全风险因素可能来源于以下几个环节：

（1）生活居住地，项目人员一般是群居，如管理不善，有可能发生火灾、触电、煤气中毒、食物中毒、被盗等事故。

（2）交通过程，管理不善有可能发生交通安全事故。

（3）作业场地，由于综合管廊前期在马路街道作业，管理措施不到位有可能发生人员、设备被撞事故。

（4）作业过程中预防措施不到位，有可能发生损坏原有管线或地下结构，从而产生的次生事故。也可能发生中毒事故。

8.2.7 用人风险

主要指用人不当可能造成的风险。

综合管廊作业时不同地段复杂程度不同，对作业组人员技术水平要求不同，因此项目经理在安排任务时，要把最适合的人用在最适合的地段，否则可能发生施工质量风险。

事实上每一项工作在用人上都应当选择最适合的人去做，才能降低用人风险。

8.2.8 政策风险

主要指政府改变政策可能造成的风险。

比如施工地因某种原因政府发布紧急状态、交通管制命令等措施，项目必须中止，要及时与公司沟通，与发包方沟通做好善后工作，减少损失，等待时局变化。

8.2.9 产品服务质量风险

主要指项目实施的进度控制、技术质量控制问题造成的风险。

8.2.10 自然灾害风险

主要指自然灾害可能造成的风险。

8.3 风险识别

8.3.1 风险识别的定义

工程项目风险识别是工程项目风险管理的基础和重要组成部分。所谓风险识别，就是确定何种风险事件可能影响项目，并将这些风险的特性整理成文档。

风险识别是项目管理者识别风险来源，确定风险发生条件，描述风险特征并评价风险影响的过程。风险识别需要确定三个相互关联的因素：

（1）风险来源：时间、费用、技术、法律等。

（2）风险事件：给项目带来积极或消极影响的事。

（3）风险征兆：风险征兆又称为触发器，是指实际风险事件的间接表现。

8.3.2　风险识别的目的和意义

风险是客观存在的，企业风险管理人员在研究企业所面临的风险时，最重要也是最困难的工作就是去了解及寻找企业所有可能遭受损失的来源。这些来源可能增加企业的支出，产生诉讼纠纷及管理系统的混乱。风险管理人员如果不能识别企业面临的所有潜在损失，就不能确定对付这些不确定风险的最好方法。

通过以上分析可知，风险识别的目的有两个：一是用于衡量风险的大小；二是提供最适当的风险管理对策。风险识别是否全面、深刻，直接影响风险管理的决策质量，进而影响整个风险管理的最终结果。任何一种风险在识别阶段被忽略，尤其是重大风险被忽略，则可能导致整个风险管理的失败，给企业造成不可估量的经济损失，甚至可能导致企业的破产和倒闭。增强风险意识，认真识别风险，是衡量风险程度，采取有效的风险控制措施和风险管理决策的前提条件。

8.3.3　风险识别的方法

风险识别阶段的主要任务是找出各种潜在的危险并做出对其后果的定性估量，一般不要求作定量的估计。风险识别的方法一般有：

1. 统计分析

根据数据的发现异常情况，追溯原因判断可能产生的风险。

项目要通过统计分析来判断风险首先要确定预警指标体系。有以下几个方面：

（1）实际完成实物工作量进度指标；

（2）各项技术质量指标；

（3）支出成本指标；

（4）安全评价指标；

（5）人员变化指标；

（6）劳动效率指标；

（7）设备完好指标；

（8）其他指标。

2. 满意度分析

根据业主、行业管理部门、监理单位的需求满意程度判断。

项目经理要加强与项目相关单位人员广泛加强沟通，通过沟通观察，了解调查，或发放满意调查表的方式收集各方对项目工作满意度，并进行分析判断。

3. 监理报告

根据监督部门的警示报告判断是否可能演变为风险。

监理评价是项目风险识别的最直接标志，项目经理要非常重视监理报告提出的所有问题，要采取切实措施改进并及时解决。

4. 业主报告

根据业主的专题警示报告判断是否可能演变为风险。

项目造成的风险往往也是发包方的风险，发包方对项目工作的评价报告也是项目风险识别的直接标志，必须高度重视。

5. 业界反映

根据同行内的评价反映判断是否可能演变为风险。

对业界反映要进行甄别，有的是竞争对手的竞争战术，有的是个人片面观点，但要及时发布事实真相，检讨自身问题，有则改之无则加勉。

6. 媒体报道

根据媒体的负面报道判断是否可能演变为风险。

媒体负面报到常常会无限放大，及时澄清事实真相是最好的办法。

7. 内部检验

根据公司或项目内检发现的问题判断是否可能演变为风险。

8. 外部检验

根据外部监管部门的专题检验发现的问题判断是否可能演变为风险。

9. 专家建议

根据相关专家的意见判断是否可能演变为风险。

10. 异常现象分析

根据一些反常现象，通过调查情况判断是否可能演变为风险。项目经理要有敏感性，对项目执行工程中的异常现象，要高度警觉。

比如：有的作业组经常发生小事故；有的作业组质量常常不合格，因此要深入调查清楚原因，及时采取针对性措施。

8.3.4 项目风险表

工程项目的策划人必须熟知施工技术人员的技术水平、现有地下管线等资料情况、行业规范等精度指标，还应了解项目的地理位置、环境等信息，为科学决策、合理规避风险提供必要的情况。

表 8-1 列出了可能造成影响的风险，每一工程项目策划人员应先进行一次风险识别，估算出风险的概率或严重度，以便更好地制定风险规避措施。

风险表　　　　　　　　　　　　　　　　　表 8-1

风险识别	风险描述及原因	影响严重度	风险类型
项目内容不明确	没有明确的成果标准，使项目随意性太大	进度：严重	产品质量风险
项目规模超过实际工作技术能力	规模展开过大，超过部门现有技术能力。在估算失误的情况下安排计划导致后期时间紧迫，项目进度无法控制需求或指定目标很高，缺乏基础； 产品处理的数据量及产品的用户数很大，需要很高的效率。在基础较差的情况下，需要工程规模太大； 没有正确估算工程规模	进度：严重	产品质量风险
项目时间紧	时间估计过于紧张，项目压力太大，可能导致项目目标及质量要求下降； 因为商业目的而制订了较短的工期； 项目启动太晚； 项目初期缺乏紧迫感，组织不力	支持：严重	产品质量风险
项后期需求频繁变动	需求变动，特别是后期的频繁或重大变动导致工程质量不稳定，加大工作量，影响进度，引入质量下降的隐患； 随着项目进展，使用环境发生变化导致需求变化	进度：严重 成本：严重 支持：严重	产品质量风险
管理能力不足	项目因为管理力量不足造成效率损耗，不能发挥完全的效率； 管理人员缺乏较强的管理能力； 缺乏工程管理和工程指导； 管理人员陷入技术失误	进度：严重 成本：严重 支持：严重	用人风险
人员变动缺乏人力人员缺乏经验	因为人员变动造成任务终端、交接、新人培训等需要牵扯大量精力，导致时间和精力分散。且重要人员较难找到合适的人选替代； 工作环境恶劣、项目缺乏吸引力、报酬不公平等原因造成人员离职； 管理不善造成人员离职； 人员能力不足或无法管理被清退； 部门人力缺乏造成人员调用； 人员另有其他优先级更高的任务而临时离开； 缺乏人力资源及优秀的人员； 新技术应用，理解掌握的人员太少，培训不足； 项目过多，人力分散； 缺乏人力资源计划，人员使用不合理	进度：严重	用人风险
技术过于复杂而无法达到目标	技术目标无法达到的风险； 对采用的技术缺乏深刻了解； 缺乏技术支持	支持：严重	产品质量风险 用人风险
预算不足	缺乏预算或人力资源保证，甚至不支持项目启动	支持：严重	财务风险

续表

风险识别	风险描述及原因	影响严重度	风险类型
缺乏高层管理支持	缺乏高层管理层的理解、认可和支持。可能导致项目资源得不到保障，开发组心理上因为得不到重视而难以激发工作热情； 耗费资源太大； 效益不明显； 缺乏有效的沟通	进度：严重	财务风险
关键人员冲突影响整个项目	如果核心关键人员因各种原因产生严重分歧及冲突，将严重影响项目，致使项目无法正常协调，还会严重影响开发组的团结及凝聚力； 不合理的组织和人事安排； 缺乏协同工作的规程； 缺乏合作素质	进度：严重	用人风险
工作环境恶劣	缺乏良好的工作环境，对工作效率影响较大； 环境约束； 对工作环境缺乏足够的重视		安全风险

8.4 风险的控制

8.4.1 风险预防

（1）预防策略通常采取有形或无形手段。一是在项目活动开始之前采取一定措施，减少风险因素；二是减少已存在的风险因素；三是将风险因素分离。

（2）无形预防手段有教育法和程序法。

（3）教育法：就是对有关人员进行风险和风险管理教育。让有关人员了解项目所面临的种种风险，了解和控制这些风险的方法。使他们深刻认识到，个人的任何疏忽和错误行为都可能给项目造成巨大损失。

（4）程序法：就是以制度化的方式从事项目活动，减少不必要的损失。实践表明，如果不按规范办事，就会犯错误，就会造成浪费和损失。所以从战略上减轻项目风险就必须遵循基本程序，任何图省事抱侥幸心思的想法都是风险发生的根源。

8.4.2 风险的分配

项目风险是时刻存在的，这些风险必须在项目参加者（包括投资者、业主、项目管理者、承包商、供应商等）之间进行合理的分配，只有每个参加者都有一定的风险责任，才有对项目管理和控制的积极性和创造性，只有合理的分配风险才能调动各方面的积极性，才能有项目的高效益。合理分配风险要依照以下几个原则进行：

（1）从工程整体效益的角度出发，最大限度地发挥各方面的积极性。因为项目参加者如果都不承担任何风险，则他也就没有任何责任，当然也就没有控制的积极性，就不可能搞好工作。如采用成本加酬金合同，承包商则没有任何风险责任，承包商也会千方百计地提高成本以争取工程利润，最终将损害工程的整体效益；如果承包商承担全部的风险也是不可行的，为防备风险，承包商必须提高要价，加大预算，而业主也因不承担风险将决策随便，盲目干预，最终同样会损害整体效益。因此只有让各方承担相应的风险责任，通过风险的分配以加强责任心和积极性，达到能更好地计划与控制。

（2）公平合理，责、权、利平衡。一是风险的责任和权力应是平衡的。有承担风险的责任，也要给承担者以控制和处理的权力，但如果已有某些权力，则同样也要承担相应的风险责任；二是风险与机会尽可能对等，对于风险的承担者应该同时享受风险控制获得的收益和机会收益，也只有这样才能使参与者勇于去承担风险；三是承担的可能性和合理性，承担者应该拥有预测、计划、控制的条件和可能性，有迅速采取控制风险措施的时间、信息等条件，只有这样，参与者才能理性地承担风险。

（3）符合工程项目的惯例，符合通常的处理方法。如采用国际惯例 FIDIC 合同条款，就明确地规定了承包商和业主之间的风险分配，比较公平合理。

8.4.3　风险对策

工程项目风险的应对策略主要包括：风险回避、风险转移、风险缓解、风险接受和风险利用等几种常见的策略。

1. 风险回避

风险回避是指当项目风险潜在威胁发生的可能性太大，不利后果也很严重，又无其他策略来减轻时，主动放弃项目或改变项目目标与行动方案，从而消除风险或产生风险的条件，达到回避风险的一种策略。风险回避措施是最彻底的消除风险影响的方法，特别是对整体项目风险的规避。

2. 风险转移

风险转移是将风险的结果与对应的权利转移给第三方。转移风险只是将管理风险的责任转移给另一方，它不能消除风险，也不能降低风险发生的概率和不利后果的大小。

风险转移的方式有多种形式，概括起来，主要有发包、出售、合同责任开脱条款、工程担保与保险等五种方式。

（1）发包

发包就是通过从项目组织外部获取货物、工程或服务，同时把风险转移出去。例如，对于一般的施工单位而言，高空作业的风险较大，利用分包合同能够将高空作业的任务交给专业的高空作业施工单位，从而将高空作业的人身意外伤害风险和第三者责任风险转移给其他单位；承包商通过分包设备采购与安装的专业工程，将设备采购和安装的风险转移给设备供应商。

（2）出售

出售是通过合同将风险转移给其他单位。这种方法在出售项目所有权的同时也就把与之有关的风险转移给了其他单位。出售与风险回避的区别在于风险有了新的承担者。例如，BOT 模式就是国家将工程项目所有权和经营权转让给有实力的公司；公司出售股权也是通过出售方式将风险转移给大家共同承担；几个单位组成联营体共同投标，大家利益共享、风险共担，每个单位的风险就减轻了。

（3）合同责任开脱条款

合同条款规定了业主和承包商的责任和义务，通过合同责任开脱条款能够免除合同参与方的部分责任。例如，业主在合同中规定，合同单价不予调整，就是让承包商承担价格上涨风险、汇率风险。但是，这种责任开脱的免责条款要符合国际工程惯例或法律规定，否则，这些责任开脱条款的规定可能是无效的。

（4）工程担保与保险

在工程项目管理中，工程担保是银行、保险公司或其他非银行金融机构为项目风险承担间接责任的一种承诺。工程保险也是一种通过转移风险来应对风险的方法。在工程项目中，业主不但自己对项目的风险向保险公司投保，而且还要求承包商也向保险公司投保。工程担保与保险将在本书其他部分作详细的分析讨论。

需要注意的是，风险转移并不是将风险转移给对方，使对方受到损失，而是把风险转移给更具有控制力的一方。因为风险是相对的，对有的单位来说是造成风险损失的事件，对其他单位则可能是获得利润的事件。

3. 风险缓解

风险缓解又称风险减轻，是设法将某一个负面风险事件的概率或保留后果降低到可以承受的限度。相对于风险回避而言，风险缓解措施是一种积极的风险处理手段。风险缓解要达到什么目的、将风险减轻到什么程度，这与风险管理规划中列明的风险标准或风险承受度有关。所以，在制定风险缓解措施之前，必须将风险缓解的程度具体化，即要确定风险缓解后的可接受水平，例如风险发生的概率控制在多大的范围以内，风险损失应控制在什么范围以内。风险缓解的途径有以下几种：

（1）降低风险发生的可能性。例如，工程项目施工的分包商技术、资金、信誉不够，构成较大的分包风险，则可以放弃分包计划或选择其他分包商；如果拟采用的最新施工方法还不成熟，则需要选择成熟的施工方法；挑选技术水平更高的施工人员；选择更可靠的材料；对施工管理人员加强安全教育等。

（2）控制风险事件发生后的可能损失。在风险损失不可避免地要发生的情况下，通过各种措施来防止损失的扩大。例如，在台风影响的过程中，采用技术措施减少工程损失；高空作业设置安全网，以规避风险带来的损失等。

按照缓解风险措施执行时间的不同，可以分为损失发生前、损失发生时和损失发生后三种不同阶段的损失控制方法。应用在损失发生前的方法是损失预防，而应用在损失发生时和损失发生后的控制实际上就是损失抑制。

4. 风险接受

工程项目风险接受，也称风险自留，是一种由项目团队自行承担风险后果的一种应对策略。这意味着项目团队决定以不变的项目计划去应对项目的某些风险，或项目团队不能找到合适的风险应对策略，或者出于经济方面考虑，其他的应对措施成本大于风险的期望损失，所以，接受风险。积极的接受包括制定应急计划以备风险发生时使用。消极的接受风险不需要采取任何行动，仅让项目组织在风险发生时去应对风险。而积极的风险接受常常通过建立应急储备来实现，包括一定量的时间、资金或其他资源。

风险接受是最经常使用的风险应对策略，因为风险表现为一种不确定性，其发生不确定，对项目造成的损失也不确定，所以很多人总是存在侥幸心理，对一些较大的风险也不采取积极的风险应对措施，造成大量的非计划性风险自留，其结果是严重影响项目目标的实现。所以，风险接受必须要充分掌握该风险事件的信息，并作出详细的风险应对方案，否则风险接受将会面临更大的风险。

5. 风险利用

风险利用就是充分利用能够给项目带来积极影响的风险，以提升实现项目目标的机会。因为风险具有不确定性，所以就存在有利的一面和不利的一面。风险利用的要点包括：

（1）分析风险利用的可能性和利用价值，在风险识别阶段就要识别出风险。分析者应进一步分析风险利用的可能性和价值，利用的可能性不大或价值不大的风险均不应作为利用的对象。

（2）分析风险利用的代价，评估承载风险的能力。风险利用的代价包括多个方面，不仅包括直接影响，还包括间接影响。还要考虑企业承担风险的能力，如果企业承担风险的能力小于风险有可能带来的损失，则不应冒险。

（3）注意风险利用的策略。决定利用某一风险后，风险决策人员和风险管理人员应该制定相应的策略或行动方案。一般风险利用要注意以下几点：风险利用的决策要迅速，及时把握并利用机会；要量力而行，每个组织或项目管理者能够承受的风险程度不同，可利用的风险也不同，要灵活处理。

风险应对的策略有很多，每种风险应对的方法都存在优势和不足，项目管理者要根据项目团队经验、可利用的资源情况、公司发展策略等因素作出综合的决策。

8.4.4 在工程实施中进行全面的风险控制

工程实施中的风险控制贯穿于项目控制（进度、成本、质量、合同控制等）的全过程中，是项目控制中不可缺少的重要环节，也影响项目实施的最终结果。

（1）加强风险的预控和预警工作。在工程的实施过程中，要不断地收集和分析各种信息和动态，捕捉风险的前奏信号，以便更好地准备和采取有效的风险对策，以抗可能发生的风险。

（2）在风险发生时，及时采取措施以控制风险的影响，这是降低损失、防范风险的有效办法。

（3）在风险状态下，依然必须保证工程的顺利实施，如迅速恢复生产，按原计划保证完成预定的目标，防止工程中断和成本超支，唯有如此才能有机会对已发生和还可能发生的风险进行良好的控制，并争取获得风险的赔偿，如向保险单位、风险责任者提出索赔，以尽可能地减少风险的损失。

8.5　风险评估

8.5.1　风险的估计

1. 风险估计的含义

风险估计又称风险测定、测试、衡量和估算等，因为在一个项目中存在着各种各样的风险，估计可以说明风险的实质，它是建立在有效辨识项目风险的基础上的。风险估计是根据项目风险的特点，对已确认的风险，通过定性和定量分析方法量测其发生的可能性和破坏程度的大小，对风险按潜在危险大小进行优先排序和评价、制定风险对策和选择风险控制方案有重要的作用。项目风险估计较多采用统计、分析和推断法，一般需要一系列可信的历史统计数据和相关数据以及足以说明被估计的对象特性和状态的数据作保证；当资料不全时往往依靠主观推断来弥补，此时项目管理人员掌握科学的项目风险估计方法、技巧和工具就显得格外重要。

根据项目风险和项目风险估计的含义，风险估计的主要内容包括：

（1）风险事件发生的可能性大小。

（2）风险事件发生可能的结果范围和危害程度。

（3）风险事件发生预期的时间。

（4）风险事件发生的频率等。

2. 风险估计的方法

风险估计的方法一般可以分为定性估计和定量估计两种。

（1）定性风险估计方法

①风险水平矩阵表示法。该方法赋予每个风险因素相应的定性水平及其发生的概率程度。要求对每个风险发生的概率 P 与其相应的后果，即严重程度 I 进行独立估计。

②风险坐标曲线表示法。风险坐标曲线表示法是风险水平矩阵表示法的一种变形，根据项目风险量函数公式，在风险坐标中以风险的两个特征值——风险发生概率（可能性）和潜在损失值为纵、横坐标，如图 8-3 所示。

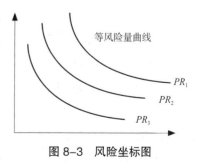

图 8-3　风险坐标图

$$PR=f（P，I）$$

式中: *PR*——项目可能存在的差异程度, 即项目风险;

    P——风险因素发生的概率;

    I——风险事件发生后的影响程度。

（2）定量风险估计方法

目前国际上比较流行的定量风险估计的方法有:蒙特卡罗模拟、模糊数学法、影响图、层次分析法、贝叶斯概率法。在此便不一一阐述。

8.5.2　风险的评价

1.风险评价的含义

风险评价是对项目风险进行综合分析, 并依据风险对项目目标的影响程度进行项目风险分级排序的过程。它是在项目风险规划、识别和估计的基础上, 通过建立项目风险的系统评价模型, 对项目风险因素影响进行综合分析, 并估算出各风险发生的概率及其可能导致的损失大小, 从而找到该项目的关键风险, 确定项目的整体风险水平, 为如何处置这些风险提供科学依据, 以保障项目的顺利进行。

在风险评价过程中, 项目管理人员应详细研究决策者所作决策的各种可能后果并将决策者作出的决策与自己单独预测的后果相比较, 进而判断这些预测能否被决策者所接受。由于各种风险的可接受度或危害程度互不相同, 因此就产生了哪些风险应该首先处理或者是否需要采取措施的问题。风险评价一般有定量和定性两种, 进行风险评价时, 还要提出预防、减少、转移或消除风险损失的初步方法, 并将其列入风险管理阶段要进一步考虑的各种方法之中。

2.风险评价的依据

风险评价的依据主要有:

①风险管理计划。

②风险识别的成果。已识别的项目风险及风险对项目的潜在影响需进行评估。

③项目进展状况。风险的不确定性常常与项目所处的生命周期阶段有关。在项目初期, 项目风险症状往往表现得不明显, 随着项目的实施, 项目风险及发现风险的可能性会增加。

④项目类型。一般来说, 普通项目或重复率较高项目的风险程度比较低, 技术含量高或复杂性强的项目的风险程度比较高。

⑤数据的准确性和可靠性。用于风险识别的数据或信息的准确性和可靠性应

进行评估。

⑥概率和影响程度。用于评估风险的两个关键方面。

3. 风险评价的目的

风险评价一般有以下几个目的：

①对项目诸风险进行比较分析和综合评价，确定它们的先后顺序。

②挖掘项目风险间的相互联系。虽然项目风险因素众多，但这些因素之间往往存在着内在的联系，表面上看起来毫不相干的多个风险因素，有时是由一个共同的风险源所造成的。例如，若遇上未曾预料到的技术难题，则会造成费用超支、进度拖延、产品质量不合要求等多种后果。风险评价就是要从项目整体出发，挖掘项目各风险之间的因果关系，保障项目风险的科学管理。

③综合考虑各种不同风险之间相互转化的条件，研究如何才能化威胁为机会，明确项目风险的客观基础。

④进行项目风险量化研究，进一步量化已识别风险的发生概率和后果，减少风险发生概率和后果估计中的不确定性，为风险应对和监控提供依据和管理策略。

4. 风险评价的方法

风险评价方法一般可分为定性、定量、定性与定量相结合三类，有效的项目风险评价方法一般采用定性与定量相结合的系统方法。对项目进行风险评价的方法很多，一般常用的方法有：模糊风险综合评价法、层次分析法、外推法、蒙特卡罗模拟法。下面简单介绍模糊风险综合评价法，其余便不一一介绍。

所谓模糊综合评判，就是根据给出的评价标准和实测值，应用模糊交换原理和最大隶属原则，对受诸多因素制约的事物或物件做出一个总的评价。它作为模糊数学的一种具体应用方法，最早是由我国学者汪培庄提出的。这一应用方法深受广大科技工作者的欢迎和重视，并且已得到广泛应用。

模糊综合评价法中，评价就是指按照指定的评价条件对评价对象的优劣进行评比、判断，综合是指评价条件包含多个因素。综合评价就是对受到多个因素影响的评价对象做出全面的评价。

模糊综合评价法进行风险评价的基本原理是：综合考虑所有风险因素的影响程度，并设置权重区别各因素的重要性，通过构建数学模型，推算出风险的各种可能性程度，其中可能性程度值高者为风险水平的最终确定值。其具体步骤是：

①选定评价因素，构成评价因素集。

②根据评价的目标要求，划分等级，建立备择集。

③对各风险要素进行独立评价，建立判断矩阵。

④根据各风险要素影响程度，确定其相应的权重。

⑤运用模糊数学运算方法，确定综合评价结果。

⑥根据计算分析结果，确定项目风险水平。

模糊综合评判是当今综合评价模糊性事物或对象的通用方法，它可使带有主观评判的结果更符合客观实际，方法简便易行。

综合评判，即是对多因素影响的事物或现象进行总体的评价。这种评价如果涉及模糊因素，就叫作模糊综合评判。由于工程建设常常受各种复杂多变的不确定性因素的影响，因此模糊综合评判在工程领域的应用非常广泛。如上所述，综合管廊项目作为典型的地下工程具有诸多的不确定性，很难用解析方法做定量分析，因此模糊综合评判则更适合施工中的风险分析。

模糊综合评判模型的建立包括如下几个部分：

①建立因素集 U。因素集是以影响对象的各种因素为元素所组成的一个普通集合。对综合管廊项目风险而言，应考虑到其特殊的循环作业性，管廊主体施工循环大体分五个步骤：隧道开挖、出渣、初期支护、监控测量、防水隔离与二次衬砌。

$U=\{U1，U2，U3，U4，U5\}=\{$ 开挖，出渣，初期支护，监控测量，防水隔离与二次衬砌 $\}$，而各个过程中的风险又可以细分为如下二级风险因素：

$U1=\{U1，U12，U13，U14\}=\{$ 开挖方法选择不当导致围岩失稳，钻孔爆破掘进过程中的风险，施工人员操作失误导致人员伤亡，不良地质导致的风险 $\}$。

$U2=\{U21，U22，U23，U24\}=\{$ 出渣运输方式选择不当，出渣处照明不足，运输设备损坏，运输人员操作不当 $\}$。

$U3=\{U31，U32，U33，U34\}=\{$ 支护类型不适应实际地质情况，支护时机不当，喷射混凝土质量厚度不符合要求，锚杆布设施工质量不符合要求 $\}$。

$U4=\{U41，U42，U43，U44\}=\{$ 量测数据的失误，量测结果评定有误，量测信息反馈不及时，应变措施不力 $\}$。

$U5=\{U51，U52，U53，U54\}=\{$ 防水层质量不满足防水抗渗要求，衬砌形式、尺寸设计不合理，二次衬砌施工时间不合理，二次衬砌混凝土质量不满足要求 $\}$。

②建立权重集 A。各因素的重要程度一般各不相同，即拥有不同的权重。权重集 $A=\{A1，A2，A3，A4，A5\}$ 即表示各风险因素 $\{U1，U2，U3，U4，U5\}$ 对管廊施工的影响程度。这一权重的确定一般采用主观确定的方法。

由于因素集 U 为两级，所以还应确定第二级权重集，即 {A11，A12，A13，A14} 表示风险因素 {U11，U12，U13，U14} 对 U1 的相应权重。U2、U3、U4、U5 依此类推。

③建立备择集 V。备择集是对评判对象可能做出的各种评判集合的总体。在管廊施工风险评价中可根据风险的大小分为四个等级：

令 V={V1，V2，V3，V4}={ 极其严重，很严重，一般严重，较不严重 }。

④单因素模糊评判。单因素模糊评判是单独对一个影响因素进行评判，以确定评判对象对备择集元素的隶属程度。单因素评判集 R 表达的是由管廊施工各二级风险因素 U 对备择集 V 的模糊关系。将此评判集排列成行即得单因素评判矩阵 R。

⑤模糊综合评判。模糊综合评判是把各单因素评判的结果通过各自的权重综合起来的过程。可以表达为：B=A × R（此处的 × 为模糊运算，即代数运算中的乘法现为取小运算，代数运算中的加法现为取大运算）。得出的模糊综合评判集 B 表示的是综合考虑上述所有因素时，管廊施工循环各阶段风险因素对各备择集指标的隶属程度。由此就可以得出，在一般情况下，一次管廊施工作业循环中各不同环节（开挖，出渣，初期支护，监控测量，防水隔离与二次衬砌）的风险大小，提早进行不同等级的预备防范，尽量有效地减小风险事故的发生概率。

8.6　PPP 模式下的风险与控制

PPP 项目的主要风险有政策风险、汇率风险、技术风险、财务风险、营运风险。

8.6.1　政策风险

政策风险即在项目实施过程中由于政府政策的变化而影响项目的盈利能力。为使政策风险最小化，就要求法律法规环境以及特许权合同的鉴定与执行过程应该是透明、公开、公正的，不应该出现官僚主义现象，人为的干扰应是最少的，否则，合作各方均会受到损失。PPP 项目失败原因主要归结于法律法规与合同环境的不够公开透明，政府政策的不连续性，变化过于频繁，政策风险使私营合作方难以预料与防范。因此当政策缺乏一定稳定性时，私人投资方必然要求更高的投资回报率作为承担更高政策风险的一种补偿。有鉴于此，有些地方政府出台了有关法规，为基础设施特许权经营的规范操作提供了一定的法律法规保障。为

PPP 的进一步广泛与成功应用提供了政策支持，也在一定程度上化解了私营合作方的政策风险。

8.6.2 汇率风险

汇率风险是指在当地获取的现金收入不能按预期的汇率兑换成外汇。其原因可能是因为货币贬值，也可能是因为政府将汇率人为地定在一个很不合理的官方水平上。这毫无疑问会减少收入的价值，降低项目的投资回报。私营合作方在融资、建设经营基础设施时总是选择融资成本最低的融资渠道，不考虑其是何种外汇或是本币，因此为了能够抵御外汇风险，私营合作方必然要求更高的投资回报率。政府可以通过承诺固定的外汇汇率或确保一定的外汇储备以及保证坚挺货币（如美元）的可兑换性与易得性承担部分汇率风险，这样私营合作方的汇率风险将大为降低，在其他条件（盈利预期等）相同的情形下，项目对民营部门的吸引力增强。

8.6.3 技术风险

技术风险直接与项目实际建设与运营相联系，技术风险应由私营合作方承担。以 BOT 为例，私营合作方在基础设施建成后需运营与维护一定时期，因此私营合作方最为关注运营成本的降低，运营成本的提高将减少私营合作方的投资回报，这将促使私营合作方高质量完成基础设施的建设，以减少日后的运营成本。

8.6.4 财务风险

财务风险大小与债务偿付能力直接相关。财务风险是指基础设施经营的现金收入不足以支付债务和利息，从而可能造成债权人求诸法律的手段逼迫项目公司破产，造成 PPP 模式应用的失败。现代公司理财能通过设计合理的资本结构等方法、手段最大限度地减少财务风险。私营合作方可能独自承担此类风险，如果债务由公共部门或融资担保机构提供了担保，则公共部门和融资担保机构也可分担部分财务风险。

8.6.5 营运风险

营运风险主要来自于项目财务效益的不确定性。在 PPP 运用过程中应该确保私营合作方能够获得合理的利润回报，因此要求服务的使用者支付合理的费用。但在实际运营过程中，由于基础设施项目的经营状况或服务提供过程中受各种因素的影响，项目盈利能力往往达不到私营合作方的预期水平而造成较大的营运风险。私营合作方可以通过基础设施运营或服务提供过程中创新等手段提高效率增加营运收入或减少营运成本降低营运风险，所以理应是营运风险的主要承担者。私营合作方可以通过一些合理的方法将 PPP 运用过程中的营运风险控制在一定的范围内或转嫁。

第 9 章　资产管理

9.1　资产运用效率

9.1.1　概念

资产运用效率，是指资产利用的有效性和充分性。有效性是指使用的后果，是一种产出的概念；充分性是指使用的进行，是一种投入概念。资产的运用效率评价的财务比率是资产周转率，其一般公式为：资产周转率＝周转额/资产。

9.1.2　资产周转率种类

资产周转率可以分为总资产周转率，分类资产周转率（流动资产周转率和固定资产周转率）和单项资产周转率（应收账款周转率和存货周转率等）三类。

不同报表使用人衡量与分析资产运用效率的目的各不相同：

（1）股东通过资产运用效率分析，有助于判断企业财务安全性及资产的收益能力，以进行相应的投资决策。

（2）债权人通过资产运用效率分析，有助于判明其债权的物质保障程度或其安全性，从而进行相应的信用决策。

（3）管理者通过资产运用效率的分析，可以发现闲置资产和利用不充分的资产，从而处理闲置资产以节约资金，或提高资产利用效率以改善经营业绩。

9.2　资产运用效率的衡量指标

9.2.1　总资产周转率

总资产周转率是指企业一定时期的主营业务收入与资产总额的比率，它说明企业的总资产在一定时期内（通常为一年）周转的次数。其计算公式如下：

$$总资产周转率＝主营业务收入/总资产平均余额$$

$$其中：总资产平均余额＝（期初总资产＋期末总资产）/2$$

总资产周转率也可用周转天数表示，其计算公式为：

$$总资产周转天数 = 计算期天数 / 总资产周转率$$

总资产周转率的高低，取决于主营业务收入和资产两个因素。增加收入或减少资产，都可以提高总资产周转率。

9.2.2　分类资产周转率

1. 流动资产周转率

流动资产周转率是指企业一定时期的主营业务收入与流动资产平均余额的比率，即企业流动资产在一定时期内（通常为一年）周转的次数。流动资产周转率是反映企业流动资产运用效率的指标。其计算公式如下：

$$流动资产周转率 = 主营业务收入 / 流动资产平均余额$$

其中：流动资产平均余额 =（期初流动资产 + 期末流动资产）/2

$$流动资产周转天数 = 计算期天数 / 流动资产周转率$$

流动资产周转率指标不仅反映流动资产运用效率，同时也影响着企业的盈利水平。企业流动资产周转率越快，周转次数越多，表明企业以相同的流动资产占用实现的主营业务收入越多，说明企业流动资产的运用效率越好，进而使企业的偿债能力和盈利能力均得以增强。反之，则表明企业利用流动资产进行经营活动的能力差，效率较低。

2. 固定资产周转率

固定资产周转率是指企业一定时期的主营业务收入与固定资产平均净值的比率。它是反映企业固定资产周转状况，衡量固定资产运用效率的指标。其计算公式为：

$$固定资产周转率 = 主营业务收入 / 固定资产平均余额$$

其中：固定资产平均余额 =（期初固定资产余额 + 期末固定资产余额）/2

$$固定资产周转天数 = 360/ 固定资产周转率$$

固定资产周转率越高，表明企业固定资产利用越充分，说明企业固定资产投资得当，固定资产结构分布合理，能够较充分地发挥固定资产的使用效率，企业的经营活动越有效；反之，则表明固定资产使用效率不高，提供的生产经营成果不多，企业固定资产的营运能力较差。

3. 长期投资周转率

长期投资的数额与主营业务收入之间的关系不一定很明显，因此很少计算长期投资的周转率。

$$长期投资周转率 = 主营业务收入 / 长期投资平均余额$$
$$长期投资周转天数 = 360/ 长期投资周转率$$

9.2.3 单项资产周转率

单项资产的周转率，是指根据资产负债表左方项目分别计算的资产周转率。其中最重要和最常用的是应收账款周转率和存货周转率。

1. 应收账款周转率

应收账款周转率是指企业一定时期的主营业务收入与应收账款平均余额的比值，它意味着企业的应收账款在一定时期内（通常为一年）周转的次数。应收账款周转率是反映企业的应收账款运用效率的指标。其计算公式如下：

$$应收账款周转率（次数） = 主营业务收入 / 应收账款平均余额$$

其中：应收账款平均余额 =（期初应收账款 + 期末应收账款）/2

$$应收账款周转天数 = 计算期天数 / 应收账款周转率（次数）$$
$$或 =（应收账款平均余额 × 计算期天数）/ 主营业务收入$$

一定期间内，企业的应收账款周转率越高，周转次数越多，表明企业应收账款回收速度越快，企业应收账款的管理效率越高，资产流动性越强，短期偿债能力越强。同时，较高的应收账款周转率可有效地减少收款费用和坏账损失，从而相对增加企业流动资产的收益能力。

对应收账款周转率的进一步分析，还需要注意以下问题：

（1）影响应收账款周转率下降的原因主要是企业的信用政策、客户故意拖延和客户财务困难。

（2）应收账款是时点指标，易于受季节性、偶然性和人为因素的影响。为了使该指标尽可能接近实际值，计算平均数时应采用尽可能详细的资料。

（3）过快的应收账款周转率可能是由紧缩的信用政策引起的，其结果可能会危及企业的销售增长，损害企业的市场占有率。

2. 存货周转率

存货周转率有两种计算方式。一是以成本为基础的存货周转率，主要用于流动性分析。二是以收入为基础的存货周转率，主要用于盈利性分析。计算公式分别如下：

$$成本基础的存货周转率 = 主营业务成本 / 存货平均净额$$
$$收入基础的存货周转率 = 主营业务收入 / 存货平均净额$$
$$存货平均净额 = （期初存货净额 + 期末存货净额）/2$$
$$存货周转天数 = 计算期天数 / 存货周转率$$

以成本为基础的存货周转率，可以更切合实际地表现存货的周转状况；而以收入为基础的存货周转率既维护了资产运用效率比率各指标计算上的一致性，由此计算的存货周转天数与应收账款周转天数建立在同一基础上，从而可直接相加并得到营业周期。

在计算分析存货周转率指标时，还应注意以下几个问题：

（1）报表使用者在分析存货周转率指标时，应尽可能结合存货的批量因素、季节性变化因素等情况对指标加以理解，同时对存货的结构以及影响存货周转率的重要指标进行分析，通过进一步计算原材料周转率、产品周转率或某种存货的周转率，从不同角度、环节上找出存货管理中的问题，在满足企业生产经营需要的同时，尽可能减少经营占用资金，提高企业存货管理水平。

（2）存货周转过快，有可能会因为存货储备不足而影响生产或销售业务的进一步发展，特别是那些供应较紧张的存货。

9.3　影响资产周转率的因素

一般而言，影响资产周转率的因素包括：企业经营周期的长短，企业的资产构成及其质量，资产的管理力度，以及企业所采用的财务政策等。

（1）企业所处行业及其经营背景。

（2）企业经营周期长短。

（3）企业资产的构成及其质量。

（4）资产管理的力度和企业采用的财务政策。

9.4　资产周转率的趋势分析

由于资产周转率指标中的资产数据是一个时点数，极易受偶然因素的干扰甚至是人为的修饰。因此，要弄清企业资产周转率的真实状况，首先应对其进行趋势分析，即对同一企业的各个时期的资产周转率的变化加以对比分析，以掌握其发展规律和发展趋势。

9.5　资产周转率的同业比较分析

同业比较即同行业之间的比较，它可以是与同行业的平均水平相比，也可以是与同行业先进水平相比，前者反映的是在行业中的一般状况，后者反映的是与行业先进水平的距离或者是在行业中的领先地位。企业实际分析时可根据需要选择比较标准。

9.6　资产管理的分类

（1）按对资产的经营形式不同,可分为:资产的委托经营、股份经营、集团经营、承包经营、租赁经营等。

（2）按对企业资产管理采取的方法与手段不同，可分为：公司上市（主板上市、创业板上市，买壳上市等）、股本扩张（增发新股、配股、送红股、公积金转增股本等）、公司收缩（公司分立，公司剥离、股权出售等）、股份回购、兼并收购、联合或合并、部分或整体产权出让、发行可转换公司债券、发行认股权、租赁等。

（3）按资产管理的对象不同，可分为：货币资产管理、有价证券管理、存货管理、长期投资、应收账款管理、固定资产管理和无形资产管理等。另外还有基金型资产管理、非基金型资产管理、国有资产管理、金融资产管理、知识资产管理等分类。

9.7 资产管理总结

城市综合管廊项目资产管理，需要从项目的全寿命周期入手，将资产管理的理念贯穿于规划设计、建设和运营的各个阶段中，实现规范化、灵活性管理。同时，需要辅以一定的组织结构和激励机制，保证资产管理顺利进行。

城市综合管廊资产管理理念仍需不断充实与完善，无论是项目管理组织体系的研究，还是激励机制的多样化，无论是人性化设计，还是运营管理水平，都需要在综合管廊建设过程中不断发展和完善。

参考文献

[1] 刘应明等.城市地下综合管廊工程规划与管廊 [M].北京：中国建筑工业出版社，2016.

[2] 张季超，庞永师，许勇，等.城市地下空间开发建设的管理机制及运营保障制度研究 [M].北京：科学出版社，2011.

[3] 夏红光，等.建设工程项目合同与风险管理 [M].北京：中国计划出版社，2008.

[4] 徐秉章，等.市政综合管廊建设运营相关问题探讨 [J].城市管理与科技，2009，11（2）：42-43.

[5] 黄凯.关于 PPP 模式投资建设城市地下综合管廊的思考 [J].江西建材，2017（14）：235-235.

[6] 王曦阳.城市地下综合管廊的应用及运营管理探讨 [J].科学中国人，2017（2）.

[7] 陈冬亮.宁波城市地下管线建设存在的问题与对策 [J].宁波职业技术学院学报，2015（1）：12-15.

[8] 楼可为.城市综合管廊的经济分析及对策建议 [J].现代经济信息，2012（6）：275-276.